Hauskauf ohne Risiko

Hauskauf
und Recht

Bauzustand
und Sanierungs-
bedarf

Kaufvertrag und
Finanzierung

Verein für Konsumenteninformation (Hrsg.)
Martin Gruber, Erwin Bruckner

Hauskauf ohne Risiko

Impressum

Herausgeber
Verein für Konsumenteninformation (VKI)
Mariahilfer Straße 81, A-1060 Wien
ZVR-Zahl 389759993
Tel. 01 588 77-0, Fax 01 588 77-73, E-Mail: konsument@vki.at
www.konsument.at

Geschäftsführung
Ing. Franz Floss
Dr. Josef Kubitschek

Autoren
Martin Gruber
Erwin Bruckner

Lektorat
Edwin Würth

Produktion
Günter Hoy

Foto Umschlag
Mirexon / Shutterstock

Druck
Holzhausen Druck GmbH, 1140 Wien

Stand
März 2012
Durch gesetzliche Änderungen bedingte Aktualisierungen stellen wir auf www.konsument.at/hauskauf zur Verfügung.

Einzelbestellung VKI
Konsument, Kundenservice
Mariahilfer Straße 81, A-1060 Wien
Tel. 01 588 774, Fax 01 588 77-72
E-Mail: kundenservice@konsument.at

Wir sind bemüht, so weit wie möglich geschlechtsneutrale Formulierungen zu verwenden. Wo uns dies nicht gelingt, gelten die entsprechenden Begriffe im Sinne der Gleichbehandlung grundsätzlich für beide Geschlechter.

Bibliografische Information der Deutschen Nationalbibliothek
Die Deutsche Nationalbibliothek verzeichnet diese Publikation in der Deutschen Nationalbibliografie; detaillierte bibliografische Daten sind im Internet über http://dnb.d-nb.de abrufbar.

Verein für Konsumenteninformation
ISBN 978-3-99013-015-5

€ 14,90

Zu diesem Buch

Liebe Leser!

Der Kauf eines Einfamilienhauses ist eine Entscheidung fürs Leben, und die Kosten dafür sind wahrscheinlich die größte Ausgabe, die Sie tätigen. Daher muss diese Anschaffung besonders gut überlegt sein.

Sie haben sicher konkrete Vorstellungen, wie Ihr Traumhaus aussehen soll. Aber lassen sich Ihre Träume auch realisieren? Haben Sie schon einen Überblick über alle Finanzierungsmöglichkeiten? Mit dem Kaufpreis der Liegenschaft allein ist es noch lange nicht getan; es fallen ja Nebenkosten an – Vermittlungs- und Kaufvertragsgebühren, Kosten für die Eintragung ins Grundbuch sowie für allfällige Sanierungen und Renovierungen etc. Nicht zu vergessen, dass Geldausborgen auch Geld kostet.

Inserate klingen oft sehr verlockend, aber halten sie auch, was sie versprechen? Unser Buch hilft ihnen, einen kühlen Kopf zu bewahren. Greifen Sie auch bei sogenannten Schnäppchen nicht sofort zu, sondern prüfen Sie genau, ob alles, was versprochen wird, auch den Gegebenheiten entspricht. Unsere Checklisten unterstützen Sie darin, bei der Suche nach einem für Sie geeigneten Objekt nichts Wichtiges zu vergessen und nicht voreilig zu handeln.

Den Kaufvertrag sollten Sie sehr sorgfältig prüfen und zur Errichtung einen Rechtsanwalt oder Notar beiziehen. Lassen Sie besonders bei älteren Häusern den Bauzustand und die technischen Anlagen von Fachleuten überprüfen, damit Sie keine bösen Überraschungen erleben.

In die Finanzierung sollten Sie genauso viel Zeit investieren wie in die Auswahl der Immobilie. Wir helfen Ihnen dabei mit umfassenden Informationen. Erkundigen Sie sich insbesondere danach, welche Fördermaßnahmen es in Ihrem Bundesland gibt. Nicht nur die Errichtung von neuen Häusern, sondern auch der Ankauf von älteren Häusern sowie Sanierungen werden unterstützt, wenngleich auch von Bundesland zu Bundesland verschieden.

Gut vorbereitet können Sie Pannen vermeiden und der Zeit im Haus Ihrer Träume sorglos und freudig entgegensehen.

Gerhard Früholz
Verein für Konsumenteninformation

Inhalt

Einfamilienhaus und Eigentümer 9

Alleineigentum 10
Alle Rechte 10
Miteigentum 11
Miteigentümeranlagen (ohne Wohnungseigentum) 15
Einfamilienhaus und Wohnungseigentum 16
Eigenes Haus auf fremdem Grund 19
Einfamilienhaus und Baurecht 19
Einfamilienhaus als Superädifikat 20
Kleingärten 21

Haussuche 25

Die richtige Wahl 26
Erfolgreich suchen 29
Das Grundbuch 31
Hauptbuch und Urkundensammlung 31
Einsicht in das Grundbuch 33
Eintragungsgrundsatz und Prioritätsprinzip 34
Typische Belastungen im Grundbuch 35
Muster Grundbuchauszüge 40

Umgang mit Maklern 45

Zwischen Käufer und Verkäufer 46
Abschluss- und Inkassovollmacht 49
Pflichten des Maklers 51
Provisionsanspruch 52
Provisionshöhe 56
Rücktrittsrechte 56
Rücktrittsrecht gemäß § 30a KSchG 57
Rücktrittsrecht gemäß § 3a KSchG 59

Kosten und Finanzierung 61

Kaufpreis 62
Nebenkosten 64
Honorare 64
Grunderwerbsteuer 65
Eintragungsgebühren 67
Maklerprovision 67
Finanzierung 68
Geld von der Bank 69
Geld vom Staat 71

Hausbesichtigung und Geschäftsanbahnung 77

Informationen einholen 78

82 Exkurs: Energieausweis
85 Zustandsüberprüfung
89 Professionelle Beratung
92 Verpflichtende Erklärungen
96 Das Zustandekommen der Vereinbarung
98 Checkliste Hauskauf

107 Erwerb einer Liegenschaft
108 Kaufvertrag
109 Die wichtigsten Vertragspunkte
112 Rangordnungsbescheid
113 Treuhandvereinbarung
115 Genehmigungspflicht von Kaufverträgen
117 Hauskauf im Versteigerungsverfahren

125 Gewährleistung
126 Mängelfreiheit
126 Gewährleistung bei Privatkauf
128 Abtretung von Gewährleistungsansprüchen
129 Gewährleistungsfrist
130 Beweislast und Gewährleistungsbehelfe

133 Service
135 Adressen/Links
141 Stichwortverzeichnis

Einfamilienhaus und Eigentümer

– Alleineigentum
– Miteigentum
– Miteigentümeranlagen
– Eigenes Haus auf fremdem Grund
– Haus im Kleingarten

Alleineigentum

In Österreich ist der Grundeigentümer grundsätzlich auch Eigentümer des darauf befindlichen Gebäudes. Der umgangssprachliche Hauskauf bedeutet daher in Wirklichkeit den Erwerb von Grund und Boden samt einem darauf befindlichen Einfamilienhaus. Die Ausnahmen von dieser Regel – das Baurecht und das Superädifikat – werden auf ► Seite 19 f beschrieben.

Hauskauf bedeutet Kauf von Grund und Boden

Bei Grund und Boden wird Eigentum immer an einer Liegenschaft erworben. Eine Liegenschaft kann aus einem oder mehreren Grundstücken (vermessungstechnischen Einheiten) bestehen. Für jede Liegenschaft in Österreich gibt es am Grundbuch des örtlich zuständigen Bezirksgerichtes eine eigene Grundbucheinlage. In dieser werden die Eigentumsverhältnisse, die Belastungen etc. eingetragen.

Alle Rechte

Das Alleineigentum an einer Liegenschaft ist das stärkste Recht. Der Eigentümer hat ein (weitgehend) unbeschränktes Nutzungs- und Verfügungsrecht an seinem Eigentum; er kann es selbst nutzen, vermieten, verkaufen, verschenken und verpfänden. Beschränkungen des Nutzungsrechtes an Grundstücken ergeben sich einerseits aus den Interessen der Nachbarn, die auch das Recht haben, ihre Grundstücke ungestört zu nutzen, andererseits aus öffentlich-rechtlichen Verpflichtungen. Dazu gehören z.B. die Bestimmungen der Bauordnungen, die nicht nur Bauweise und Gebäudehöhe regeln, sondern die Liegenschaftseigentümer auch zur ordnungsgemäßen Erhaltung ihrer Gebäude verpflichten. Mit dem Eigentum an Liegenschaften sind freilich auch finanzielle Verpflichtungen

Tipp

Tritt eine Person als Verkäufer eines Einfamilienhauses auf, die nicht im Grundbuch als Eigentümer eingetragen ist, hat sie ihre Verfügungsberechtigung durch die entsprechenden Urkunden nachzuweisen (z.B. gerichtlicher Einantwortungsbeschluss oder gerichtliche Zuschlagserteilung).

verbunden, z.B. die Entrichtung der laufenden Grundbesitzabgaben, die Bezahlung der vorgeschriebenen Aufschließungskosten etc.

Voraussetzung für den Eigentumserwerb an einer Liegenschaft ist eine Vereinbarung mit dem bisherigen Eigentümer, z.B. ein Kaufvertrag. Der Eigentumsübergang erfolgt aber nicht schon mit der Unterzeichnung des Kaufvertrages und der Schlüsselübergabe, sondern erst mit der Eintragung des Erwerbers in das Grundbuch („Verbücherung" des Vertrages)!

Der Eigentumserwerb erfolgt erst mit Eintragung im Grundbuch

Einen Sonderfall stellt der Eigentumserwerb im Zwangsversteigerungsverfahren dar, bei dem der Meistbietende den Zuschlag erhält. Er wird noch vor der Eintragung in das Grundbuch neuer Eigentümer, ohne mit dem bisherigen Eigentümer eine Vereinbarung getroffen zu haben.

Ein zweiter Sonderfall ist der Eigentumserwerb im Erbschaftsverfahren. Auch der Erbe wird vor seiner Eintragung ins Grundbuch Eigentümer der Liegenschaft, und zwar schon mit dem Gerichtsbeschluss im Erbschaftsverfahren (Einantwortung).

Miteigentum

Eine Liegenschaft mit dem darauf befindlichen Gebäude kann aber nicht nur im Alleineigentum einer Person stehen. Oft befindet sie sich im Eigentum mehrerer Personen. Das Eigentumsrecht zwischen Miteigentümern ist nach Bruchteilen aufgeteilt (im Grundbuch mit 1/5, 1/10 etc. angegeben). Damit hat jeder Miteigentümer nach ideellen Anteilen Eigentum an der gesamten Liegenschaft und dem darauf befindlichen Gebäude. Diese Form des Miteigentums wird schlichtes Miteigentum genannt. Die Liegenschaft samt einem darauf befindlichen Einfamilienhaus gehört allen Miteigentümern gemeinsam.

Jeder Miteigentümer kann über seinen Anteil (an der gesamten Liegenschaft) frei verfügen, er kann ihn belasten, verkaufen oder verschenken. Die übrigen Miteigentümer haben kein automatisches Aufgriffs- oder Vorkaufsrecht an den zu veräußernden Anteilen! Der Verkauf des gesamten Einfamilienhauses (der gesamten Liegenschaft) ist aber nur durch alle Miteigentümer gemeinsam (einstimmig) möglich. Ein

Mehrheitsbeschluss reicht dazu nicht aus! Bedenken Sie das, wenn Sie als Kaufinteressent alleiniger Eigentümer eines Gebäudes werden möchten, das im Miteigentum mehrerer Personen auf Verkäuferseite steht.

Bei einer Liegenschaft, auf der nur ein Einfamilienhaus steht, kommt es in der Praxis kaum vor, dass ein Miteigentumsanteil an einen Fremden verkauft wird. Falls Sie in so einem Fall den Kauf bloß eines Anteils in Erwägung ziehen, sollten Sie über die Grundsätze zu Nutzung, Verwaltung und Auflösung von Miteigentum Bescheid wissen, die wir im Folgenden darstellen werden.

Die nachstehenden Grundsätze sollten Sie aber auch kennen, wenn Sie überlegen, ein Einfamilienhaus gemeinsam mit einer oder mehreren anderen Personen zu kaufen (und es auf diese Weise zum Entstehen von Miteigentum kommen soll). Nicht eingehen können wir hier allerdings auf Sonderregelungen für Ehegatten und eingetragene Partnerschaften bei Ende von Ehe oder eingetragener Partnerschaft.

Miteigentum erfordert meist eine Benützungsregelung

Im Gegensatz zum Alleineigentum bedarf es im Falle einer Miteigentümergemeinschaft meist einer Benützungsregelung (Benützungsvereinbarung) über die Nutzung der gemeinsamen Sache zwischen allen Miteigentümern. Kommt darüber keine Einigung zustande, kann über einen Antrag auch das Gericht eine Benützungsregelung aussprechen.

Mit dem Miteigentum an einer Liegenschaft sind aber nicht nur Nutzungsrechte, sondern auch Verpflichtungen verbunden. Jeder Miteigentümer muss die Lasten aus der Liegenschaft entsprechend seinem Anteil tragen. Ein Dritteleigentümer muss daher jeweils ein Drittel der Grundbesitzabgaben, Wassergebühren, Versicherungsprämien etc. tragen. Im Rahmen von Benützungsregelungen werden aber häufig auch davon abweichende Vereinbarungen getroffen. Soll einem Miteigentümer bei-

Gemeinsames Ferienhaus

Zwei Freundinnen kaufen gemeinsam – je zur Hälfte – ein Einfamilienhaus im Burgenland zu Erholungszwecken. Für die gleichzeitige Benützung beider Familien ist das Haus zu klein, weshalb die beiden Miteigentümerinnen in einer Benützungsregelung festlegen, wer das Haus in welchen Kalendermonaten allein benützen darf.

spielsweise eine umfangreichere Nutzung des Hauses (als es seinem Anteil entspricht) zustehen, so wird er auch entsprechend höhere Kostenanteile zu tragen haben. Bei den Grundbesitzabgaben ist gesetzlich vorgesehen, dass jeder Miteigentümer zur ungeteilten Hand, d.h. zur Gänze, haftet. Werden beispielsweise die Müllgebühren nicht entrichtet, kann die Gemeinde die ausständigen Gebühren von einem der Miteigentümer alleine einfordern. Dieser muss sie zunächst zur Gänze bezahlen und sich in Folge darum kümmern, dass er von den anderen Miteigentümern die auf sie entfallenden Anteile erhält.

Aus diesem Beispiel ist schon ersichtlich, dass auch ein kleines Einfamilienhaus im Besitz von Miteigentümern einer Verwaltung bedarf. Damit ist jetzt nicht die Beauftragung einer Hausverwaltung gemeint, sondern die Notwendigkeit, dass sich zumindest einer der Miteigentümer um die laufenden Belange des Hauses kümmert. Neben der Bezahlung der vorgeschriebenen Kosten gehören dazu auch der Abschluss einer üblichen Hausversicherung und die Instandhaltung des Hauses: Kleinere Reparaturen werden immer wieder notwendig sein.

Zumindest einer der Miteigentümer muss sich um die Verwaltung des Hauses kümmern

Entscheidungen über derartige Maßnahmen, die als ordentliche Verwaltung bezeichnet werden, trifft jeweils die Mehrheit der Miteigentümer. Die Mehrheit wird aber nicht nach Köpfen, sondern nach den Miteigentumsanteilen berechnet. Die Minderheitseigentümer müssen bei diesen Angelegenheiten gar nicht verständigt bzw. informiert werden. Bei einer Pattstellung muss das Gericht entscheiden.

Maßnahmen, die über die Verwaltung und Erhaltung der Liegenschaft hinausgehen, werden als Maßnahmen der außerordentlichen

Pattstellung

Eine Liegenschaft steht im Eigentum von vier Miteigentümern. Zwei halten je zehn Prozent (je 1/10), einer dreißig Prozent (3/10) und der vierte Miteigentümer fünfzig Prozent (5/10) der Anteile. Die drei Erstgenannten können gegen den Willen des Vierten keine Entscheidungen über die Verwaltung treffen, z.B. über den Abschluss eines Versicherungsvertrages, weil sie nicht über die Mehrheit der Anteile verfügen. Bei einer solchen Pattstellung entscheidet das Gericht.

Verwaltung bezeichnet. Dazu gehören z.B. alle Veränderungen und Umbauten an einem Haus, die Vermietung des Hauses an einen der Miteigentümer etc. Auch größere Veränderungen in einem vorhandenen Garten, etwa das Fällen von Obstbäumen, um Platz für einen Kinderspielplatz zu gewinnen, zählen dazu. Hier gilt das Prinzip der Einstimmigkeit, d.h., alle Miteigentümer müssen damit einverstanden sein. Kommt nur ein Mehrheitsbeschluss zu Stande, muss die Mehrheit die Zustimmung beim Bezirksgericht genehmigen lassen. Damit soll verhindert werden, dass die Mehrheit Veränderungen zum Nachteil eines Miteigentümers vornimmt.

Jeder Miteigentümer kann durch gerichtliche Teilungsklage die Aufhebung der Gemeinschaft herbeiführen

Können sich Miteigentümer über bestimmte Fragen nicht einigen und werden die Anteile auch nicht durch einen Verkauf vereinigt, steht es jedem Miteigentümer frei, die Aufhebung der Miteigentumsgemeinschaft zu begehren. Dies geschieht mit der Einbringung einer Teilungsklage beim Bezirksgericht. Im gerichtlichen Verfahren über eine Teilungsklage kommt es bei Einfamilienhäusern zur sogenannten „Zivilteilung". Hier wird das Miteigentum aufgehoben und in der Folge die gesamte Liegenschaft versteigert. Der Versteigerungserlös wird unter den Miteigentümern entsprechend ihrer bisherigen Anteile aufgeteilt. Als Bieter kann sich auch jeder Miteigentümer an diesem Versteigerungsverfahren beteiligen. Mit der Versteigerung verlieren die Miteigentümer, welche ihres Anteils verlustig gehen, freilich nicht nur ihr Eigentumsrecht, sondern auch die Nutzungsrechte an der Liegenschaft.

Nachdem bei einer Versteigerung oft nur ein sehr geringer Preis erzielt werden kann, hat der Gesetzgeber für den Beklagten im Verfahren über eine Teilungsklage die Möglichkeit geschaffen, die Begründung von Wohnungseigentum zu beantragen, um so eine Versteigerung der Gesamtliegenschaft zu verhindern. Diese Möglichkeit setzt allerdings ein Gebäude mit entsprechender Größe voraus (Zwei- oder Mehrfamilienhäuser) und kommt bei Liegenschaften mit nur einem Einfamilienhaus nicht in Betracht. Die Aufhebung einer Miteigentümergemeinschaft durch Klage ist nicht zulässig, wenn sie einem anderen Miteigentümer gerade zu diesem Zeitpunkt nicht zumutbar ist. Es darf sich dabei aber um kein dauerndes Hindernis handeln. Darüber hinaus könnten weitere Einschränkungen zur Erhebung einer Teilungsklage zwischen den Miteigentümern vertraglich vereinbart worden sein.

Miteigentümeranlagen (ohne Wohnungseigentum)

Oft werden Einfamilienhäuser zum Kauf angeboten, die zunächst wie „normale" Einfamilienhäuser aussehen, frei stehend auf einem Grund mit umzäuntem Garten. Tatsächlich handelt es sich jedoch um den Teil einer Gesamtanlage. Auf einer einzigen Liegenschaft wurden mehrere Häuser errichtet, frei stehend oder in Form von Doppelhäusern oder aneinander gebaut als Reihenhäuser, zusammen bilden sie eine Anlage. Diese Art der Bebauung wird häufig aufgrund der Wohnbauförderungsbestimmungen des Landes oder der Bebauungsbestimmungen der jeweiligen Gemeinde gewählt. Um einem zu großen Flächenverbrauch bei der Einzelbebauung vorzubeugen, sehen nämlich manche Wohnbauförderungsgesetze eine höhere Förderung bei dieser sogenannten verdichteten Bauweise vor.

Bei verdichteter Bauweise gibt es meist höhere Wohnbauförderung

Wenn bei dieser Konstruktion kein Wohnungseigentum begründet wurde und Wohnungseigentum auch nicht in Vorbereitung steht (Anmerkung der Zusage von Wohnungseigentum im Grundbuch), liegt eine Miteigentümeranlage ohne Wohnungseigentum vor.

Da sich diese Häuser auf einer einzigen Liegenschaft befinden, bedeutet dies für Sie als Kaufinteressent eines derartigen Hauses, dass Sie immer nur Miteigentum an der gesamten Liegenschaft zu einem bestimmten Anteil erwerben können. Erst aufgrund der zwischen den Miteigentümern geschlossenen Benützungsvereinbarung wird Ihnen die alleinige Nutzung eines bestimmten Hauses ermöglicht. Alleineigentümer des Grundstückes mit dem darauf befindlichen Haus können Sie nicht werden.

Die grundsätzlichen Regeln für die Rechte und Pflichten eines Miteigentümers an einer Liegenschaft wurden bereits zuvor (Miteigentum an einem Einfamilienhaus, ► Seite 12) beschrieben. Diese gelten auch hier, wo mehrere Häuser auf einer Liegenschaft, die im Miteigentum steht, errichtet worden sind. Aufgrund der Haftung jedes Miteigentümers für die laufenden Kosten der Liegenschaft könnten Sie bei Zahlungsverzug anderer Miteigentümer mit finanziellen Forderungen in beträchtlicher Höhe konfrontiert werden. Erkundigen Sie sich beim Verwalter der Anlage, ob eine Rücklage für größere Ausgaben angespart wird, wie hoch diese dotiert ist und ob alle Miteigentümer regelmäßig zahlen oder Einzelne in Verzug sind.

Beachten Sie in diesen Fällen besonders die bestehenden Vereinbarungen der Miteigentümer über die Kostentragung für die laufenden Kosten der Liegenschaft, aber auch für die Kosten der Erhaltung der einzelnen Einfamilienhäuser und allfällige Regelungen über die Benützung allgemeiner Teile der Anlage. Sie müssen davon ausgehen, dass solche Regelungen mit dem Kaufvertrag auch für Sie als Käufer verbindlich gemacht werden.

Die Auflösung der Miteigentumsgemeinschaft durch Einbringung einer Teilungsklage beim Bezirksgericht wird bei Miteigentümeranlagen im Regelfall vertraglich ausgeschlossen sein. Sollte es doch dazu kommen, kann jeder Miteigentümer in diesem Verfahren beantragen, dass durch Richterspruch an allen selbstständigen Objekten der Anlage Wohnungseigentum begründet wird. Auf diese Weise wird verhindert, dass es zu einer Versteigerung der Anlage kommt.

Einfamilienhaus und Wohnungseigentum

Wohnungseigentum kann nicht nur an einer Wohnung, sondern auch an einem Einfamilienhaus begründet sein. Nämlich dann, wenn auf einer einzigen Liegenschaft mehrere Häuser errichtet worden sind, entweder frei stehend oder in Form von Doppelhäusern oder aneinander gebaut als Reihenhäuser, und nicht die rechtliche Konstruktion des „schlichten" Miteigentums, sondern jene des Wohnungseigentums gewählt wurde.

Wie bereits erwähnt, wird diese Art der Bebauung häufig aufgrund der Wohnbauförderungsbestimmungen des Landes oder der Bebauungsbestimmungen der jeweiligen Gemeinde gewählt. Um einem zu großen Flächenverbrauch bei der Einzelbebauung vorzubeugen, sehen nämlich manche Wohnbauförderungsgesetze eine höhere Förderung bei dieser sogenannten verdichteten Bauweise vor.

Wohnungseigentum: Sonderform des Miteigentums

Das Wohnungseigentum ist eine Sonderform des Miteigentums. Mit den ideellen Anteilen der (schlichten) Miteigentümer wird das ausschließliche Nutzungsrecht an bestimmten Objekten verbunden. Dazu schließen die Miteigentümer untereinander einen Wohnungseigentumsvertrag ab, der im Grundbuch eingetragen wird. Mit der Verbücherung des Wohnungseigentumsvertrages werden aus den (bis dahin) schlichten Miteigentümern nunmehr Wohnungseigentümer.

Im Unterschied zur Miteigentümeranlage ohne Wohnungseigentum (► Seite 15) ergeben sich die Nutzungsrechte der Wohnungseigentümer aus dem Gesetz und nicht nur aus einer Benützungsvereinbarung. Der einzelne Wohnungseigentümer ist bei der laufenden Verwaltung rechtlich besser gestellt als ein schlichter Miteigentümer. Auch ist der Wohnungseigentumsbewerber hinsichtlich der von ihm geleisteten Zahlungen besonders geschützt. Die Rechtsstellung der Wohnungseigentümer ist in einem speziellen Gesetz, dem Wohnungseigentumsgesetz 2002 (WEG), geregelt. Ob an einer Liegenschaft Wohnungseigentum begründet worden ist, können Sie vom Grundbuchauszug ablesen (► Seite 33).

Wohnungseigentümer rechtlich besser gestellt als Miteigentümer

Wohnungseigentum kann an selbstständigen Wohnungen, Geschäftsräumen, Einfamilien- und Reihenhäusern sowie Abstellplätzen für Kraftfahrzeuge zu Gunsten der Miteigentümer einer Liegenschaft begründet werden. Wohnungseigentümer kann immer nur eine Person oder eine Eigentümerpartnerschaft sein. Eine Eigentümerpartnerschaft kann zwischen zwei natürlichen Personen, z.B. zwischen Ehegatten, Lebensgefährten, einem Elternteil und einem Kind oder anderen Personen bestehen. Es dürfen aber nie mehr als zwei Personen sein.

Alle Mit- und Wohnungseigentümer einer Liegenschaft bilden zur Verwaltung derselben die Eigentümergemeinschaft. Diese tritt als juristische Person nach außen hin alleine auf. Das heißt, in allen Verträgen für die Liegenschaft, z.B. Versicherungsverträgen, scheint nur die Eigentümergemeinschaft als Vertragspartner auf.

Kein Zwang zur Bestellung eines Verwalters

Es gibt keinen Zwang zur Verwalterbestellung. Wird ein Verwalter bestellt, treffen diesen besondere Verpflichtungen, die ebenfalls im WEG geregelt sind. Er muss jedem Miteigentümer eine ordentliche und richtige Abrechnung für jedes Kalenderjahr legen, rückständige Zahlungen eines Miteigentümers einmahnen und bei Nichtbezahlung eine Klage einbringen.

Für den Fall von Zahlungsrückständen eines Wohnungseigentümers trifft das WEG eine besondere Vorsorge, die es beim schlichten Miteigentum nicht gibt. An jedem Miteigentumsanteil besteht ein gesetzliches Vorzugspfandrecht für Forderungen der Eigentümergemein-

Vorzugspfandrecht

Der Wohnungseigentümer Herr Magerl hält einen Anteil von zehn Prozent (1/10) an einer Liegenschaft. Die monatlichen Vorschreibungen für seinen Anteil betragen 100 Euro. Er ist in Zahlungsschwierigkeiten und bezahlt trotz Mahnung nicht. Um die laufenden Kosten begleichen zu können, muss der Verwalter die Vorschreibungen an die übrigen Miteigentümer entsprechend erhöhen. Diese Mehrzahlungen der anderen sind durch das Vorzugspfandrecht, eine entsprechende Klage vorausgesetzt, abgesichert. Selbst wenn es zu einer Zwangsversteigerung der Anteile von Herrn Magerl kommt, muss der Ersteigerer die aufgelaufenen Schulden übernehmen und bezahlen.

schaft wegen nicht bezahlter Aufwendungen (Betriebskosten, Rücklagenzahlungen).

Ein Wohnungseigentümer ist besser geschützt als ein schlichter Miteigentümer

Der einzelne Wohnungseigentümer als Minderheitseigentümer hat nach dem WEG größere Rechte als ein Miteigentümer beim schlichten Miteigentum. Für die Entscheidungsfindung über anstehende Arbeiten oder abzuschließende Verträge müssen alle Miteigentümer verständigt werden, jeder kann an der Beschlussfassung teilnehmen. Jedem Miteigentümer steht auch das Recht zu, Beschlüsse der Gemeinschaft beim Bezirksgericht anzufechten. Auch im WEG gilt, dass die Mehrheit nach Miteigentumsanteilen und nicht nach Köpfen berechnet wird.

Jedem einzelnen Wohnungseigentümer stehen überdies besondere Minderheitsrechte zu, die er als Antragsteller bei Gericht auch durchsetzen kann.

Das WEG hat zu Fragen der Erhaltung und Kostenaufteilung allerdings primär Wohnungen im Auge. Bei Wohnungseigentumsanlagen, die aus Reihenhäusern oder Doppelhaushälften bestehen, gibt es zu diesen Fragen oft Sondervereinbarungen. So ist häufig vereinbart, dass sich der einzelne Wohnungseigentümer in stärkerem Ausmaß um die Erhaltung seines Objektes kümmern muss, als dies nach dem WEG der Fall wäre, und z.B. der Fenstertausch an einem Objekt nicht von sämtlichen Wohnungseigentümern der Anlage finanziert werden muss.

Ihnen muss klar sein, dass solche (einstimmig getroffene) Sondervereinbarungen bei Wohnungseigentum auch für einen späteren Käufer gelten, und zwar unabhängig davon, ob sie im Grundbuch ersichtlich

Tipp

Erkundigen Sie sich vor dem Kauf unbedingt bei der Hausverwaltung oder bei Nachbarn, ob vom WEG abweichende Sondervereinbarungen zu Kostenaufteilung, Erhaltung des Einfamilienhauses oder Benützung der allgemeinen Hausteile bestehen.

gemacht sind oder nicht. Diese Vereinbarungen werden zumeist schon in den Wohnungseigentumsvertrag aufgenommen und können sich nicht nur auf Fragen der Kostenaufteilung oder Erhaltung beziehen, sondern auch auf Benützungsrechte an allgemeinen Hausteilen.

Teilungsklage nicht möglich, Ausschluss aus der Gemeinschaft sehr wohl

Eine Teilungsklage (► Seite 14, 16) ist bei Liegenschaften, an denen Wohnungseigentum begründet (oder in Vorbereitung) ist, nicht möglich. Ein Wohnungseigentümer, der seinen Zahlungspflichten nicht nachkommt oder die anderen Miteigentümer durch sein Verhalten empfindlich stört, kann aber aus der Gemeinschaft ausgeschlossen werden. In diesem Fall werden die Liegenschaftsanteile des säumigen Wohnungseigentümers nach dessen Ausschluss versteigert. Er verliert nicht nur seine Anteile an der Liegenschaft, sondern auch sein Nutzungsrecht.

Eigenes Haus auf fremdem Grund

Es gibt zwei Ausnahmen vom Grundsatz, dass der Grundeigentümer auch Eigentümer der darauf befindlichen Gebäude ist:

- das Baurecht und
- das Superädifikat.

Einfamilienhaus und Baurecht

Mit dem Baurechtsvertrag räumt der Grundeigentümer dem Bauberechtigten das Recht ein, auf seiner Liegenschaft ein oder mehrere Gebäude zu errichten. Der Bauberechtigte wird nur Eigentümer des Gebäudes und

Tipp

Vor dem Kauf eines „Baurechts-Einfamilienhauses" müssen Sie sich unbedingt den bestehenden Baurechtsvertrag zeigen lassen. Die darin enthaltenen Bestimmungen zu Befristungsablauf und Entschädigung bei Fristende gelten auch für den Käufer.

Jedes Baurecht ist mit einem Ablaufdatum versehen

erspart sich den Kaufpreis für das Grundstück. Das Baurecht wird im Grundbuch im Lastenblatt der Liegenschaft eingetragen und eine eigene Baurechtseinlage geschaffen. Es kann nur befristet vereinbart werden: für die Dauer von 10 bis höchstens 100 Jahren. Das Eigentum am Einfamilienhaus (und damit verbunden das Nutzungsrecht am Grundstück) ist also mit einem Ablaufdatum versehen! Je näher das Befristungsende rückt, desto niedriger sollte der Kaufpreis für den Käufer sein. In der Regel stellt der Liegenschaftseigentümer sein Grundstück auch nicht unentgeltlich zur Verfügung, sondern verlangt dafür einen jährlichen Baurechtszins.

Wird das „Baurechts-Einfamilienhaus" vom Bauberechtigten verkauft, tritt der Käufer in den bestehenden Baurechtsvertrag ein. Die Zustimmung des Grundeigentümers ist für den Verkauf grundsätzlich nicht erforderlich.

Bei Beendigung des Baurechts ist die Liegenschaft an den Grundeigentümer zurückzustellen, und das darauf erbaute Einfamilienhaus geht in das Eigentum des Grundeigentümers über. Nach den Bestimmungen des Baurechtsgesetzes steht dem Bauberechtigten nur eine geringe Entschädigung für das Haus zu, nämlich nur ein Viertel des dann vorhandenen Bauwertes. Hinsichtlich der Entschädigung bei Baurechtsende, kann im Baurechtsvertrag aber auch etwas anderes vereinbart werden.

Einfamilienhaus als Superädifikat

Unter Superädifikaten (auch Überbauten genannt) versteht man Bauwerke, die auf einem fremden Grund mit der Absicht errichtet werden, dass sie nicht dauernd darauf stehen bleiben sollen bzw. vom Errichter nur für einen befristeten Zeitraum benützt werden dürfen.

Beispiele für Superädifikate sind Holzhäuser, die als Badehütten oder Schrebergartenhütten für begrenzte Zeit auf fremdem Grund aufgestellt werden. Auch die Errichtung eines Hauses in fester Bauweise ist möglich, wenn die Benützungsdauer vertraglich befristet wird.

Im Unterschied zum Baurecht sind Superädifikate meist nicht im Grundbuch eingetragen

Mit dem Grundeigentümer wird in der Regel ein Pachtvertrag über das Grundstück abgeschlossen, in dem die Erlaubnis zur Errichtung und befristeten Nutzung eines eigenen Gebäudes eingeräumt wird.

Der Pächter wird auf diese Weise nur Eigentümer des Einfamilienhauses. Das Grundstück steht weiterhin im Eigentum des Verpächters. Das Eigentumsrecht am Einfamilienhaus (und das damit verbundene Nutzungsrecht am Grundstück) ist mit einem Ablaufdatum versehen.

Vor dem Ankauf eines „Superädifikat-Einfamilienhauses" ist zu klären, ob Sie als Käufer überhaupt in den zugrunde liegenden Vertrag (z.B. Pachtvertrag) eintreten können, ob Sie also die rechtliche Position des Verkäufers übernehmen dürfen. Meist wird die Zustimmung des Grundeigentümers, beziehungsweise bei Kleingartenanlagen jene des Generalpächters der Liegenschaft, erforderlich sein.

Da beim Superädifikat eine Entschädigung (Investitionsablöse) bei Beendigung des Pachtvertrages (Befristungsende) gesetzlich nicht gesondert geregelt ist, kommt dem ursprünglichen Vertrag zwischen Gebäudeerrichter und Grundstückseigentümer auch in dieser Frage die größte Bedeutung zu.

Die Eigentumsübertragung erfolgt bei Superädifikaten durch Hinterlegung des Kaufvertrages beim Bezirksgericht.

Kleingärten

Kleingärten stellen einen Sonderfall dar, weil hier im Regelfall Grundstücksteile mit Pachtverträgen zur nicht erwerbsmäßigen Nutzung und zu Erholungszwecken vergeben werden. Für sie gibt es auch eine besondere gesetzliche Regelung, nämlich das Kleingartengesetz. Die Verträge sind entweder Einzelpachtverträge direkt vom Eigentümer, oder (weit häufiger) Unterpachtverträge mit dem Generalpächter. In diesem Fall pachtet ein Kleingartenverein ein großes Grundstück und vergibt Teile des Grundstückes mit Unterpachtverträgen. Kleingärten im Sinne des

Kleingärten werden meist in Pacht überlassen

Tipp

Wenn Ihnen ein Kleingartenhaus in Pacht zum Kauf in Aussicht gestellt wird, sollten Sie mit dem Obmann des Kleingartenvereins besprechen, welche Regeln und Bestimmungen im konkreten Fall für die Weitergabe des Kleingartens gelten.

Kleingartengesetzes sind Grundstücke mit einer Fläche von mindestens 120 und höchstens 650 Quadratmetern.

Da früher das ganzjährige Wohnen in diesen Kleingärten nicht erlaubt war – häufig gab es gar keine winterfeste Wasserleitung – wurden auch nur einfache Häuser errichtet. Mittlerweile ist aber in vielen Kleingärten das ganzjährige Wohnen erlaubt, und die Kleingärtner errichten zunehmend auch größere und winterfeste Gebäude.

Bei diesen Pachtkonstruktionen hält der Besitzer des Kleingartens kein Eigentum am Grundstück. Er kann den Kleingarten samt Gebäude daher nicht ohne weiteres „verkaufen". Nach den meisten Vereinssatzungen kommt dem Kleingärtner jedoch ein beschränktes Vorschlagsrecht hinsichtlich seines Nachfolgers zu, wenn er sein bisheriges Pachtverhältnis aufkündigt. Mit dem Nachfolger wird dann ein neuer Unterpachtvertrag geschlossen.

Um einen Handel von Kleingärten mit weit überhöhten Ablösen zu verhindern, wurden eigene Regelungen erlassen für die Höhe der zulässigen Ablöse, die der scheidende Kleingärtner verlangen darf. Er hat zunächst das Schätzgutachten eines Sachverständigen einzuholen, mit dem der Zeitwert der Kulturen und Außenanlagen und der den Bauvorschriften entsprechenden Baulichkeit festzustellen ist. Eine Kopie des Gutachtens ist jedenfalls dem Kleingartenverein zu übergeben. Über den Nachfolgepächter entscheidet schlussendlich immer der Kleingartenverein. Bevor Sie als Kaufinteressent vom Verein grünes Licht bekommen, sollten Sie keinesfalls irgendwelche Zahlungen leisten.

Atypisch sind Kleingärten auf Eigengrund

Neben den – oben beschriebenen – typischen Pachtkonstruktionen gibt es aber auch Kleingärten auf Eigengrund. Es sind dies meist Fälle, wo der Grundstückseigentümer (meist eine Gemeinde) bestehende Kleingartenparzellen nachträglich direkt an Interessenten verkauft hat und diese den Kleingarten nun als Grundstückseigentümer innehaben. Die

Bestimmungen des Kleingartengesetzes gelten, soweit in diesen nichts anderes bestimmt wird, nicht für Kleingärten auf Eigengrund. Das bedeutet aber noch nicht, dass in diesen Fällen keinerlei Beschränkungen für Verkauf und Nutzung des Kleingartens bestehen. Auch bei Kleingärten auf Eigengrund sollte vor einem Ankauf daher der Kleingartenverein bzw. die Gemeinde kontaktiert werden. Oft ist bei solchen Kleingärten im Grundbuch auch ein Vorkaufsrecht der Gemeinde eingetragen.

Zusammenfassung

- **Hauskauf heißt Erwerb von Grund und Boden.** Wenn Sie ein Einfamilienhaus kaufen, werden Sie meist auch Eigentümer der Liegenschaft. Sonderfälle sind Häuser, die auf fremdem Grund stehen.
- **Alleineigentum.** Gehört Ihnen eine Liegenschaft ganz allein, dürfen Sie damit fast alles tun. Einschränkungen ergeben sich allerdings aus dem Nachbarrecht und öffentlich-rechtlichen Verpflichtungen.
- **Miteigentum.** Teilen Sie Ihren Immobilienbesitz mit anderen, müssen Sie sich mit den anderen Miteigentümern auf eine Benützungsvereinbarung einigen.
- **Wer ist Wohnungseigentümer?** Das kann immer nur eine Person oder eine Eigentümerpartnerschaft (zwei natürliche Personen) sein.

Haussuche

– Die richtige Wahl
– Erfolgreich suchen
– Das Grundbuch

Die richtige Wahl

Investieren Sie genauso viel Zeit in einen Finanzplan wie in die Auswahl der Immobilie!

Nehmen Sie sich Zeit! Machen Sie zunächst eine Aufstellung über die eigenen Vorstellungen und Wünsche: Standort, Grundstücksgröße, Wohnfläche, Ausstattung etc. Auch einen finanziellen Fahrplan sollten Sie erstellen. Ausgehend von Ihren aktuellen Einkommens- und Vermögensverhältnissen kann damit ein finanzieller Rahmen entworfen werden, den die zu erwartenden Belastungen nicht übersteigen dürfen. Um bei unerwarteten Lebensumständen wie etwa Arbeitslosigkeit nicht sofort zahlungsunfähig zu werden, sollte bei dieser Finanzplanung unbedingt eine Reserve einkalkuliert werden.

Lage. In der Stadt, in Stadtnähe oder auf dem Land? Je nach Ihren Wünschen wird sich eine Gemeinde oder ein Gebiet ergeben, auf das Sie Ihre Suche nach einem Einfamilienhaus konzentrieren können.

Objekt. Welche Art von Haus suchen Sie? Muss es ein frei stehendes Einfamilienhaus oder kann es auch ein Reihenhaus bzw. eine Doppelhaushälfte sein? Wie wichtig ist es für Sie, eine Liegenschaft im Alleineigentum zu besitzen?

Garten. Welche Größe soll der Garten haben? Wollen Sie Obstbäume pflanzen, werden Sie mehr Raum brauchen als für Blumen oder Gemüseanbau. Soll Platz genug für einen Swimmingpool sein? Wie wichtig ist eine große Garage? Mit einem großen Garten kann viel Arbeit verbunden sein. Vergessen Sie nicht, dass die Gehsteigflächen entlang des Grundstücks im Winter von Schnee zu räumen sind.

Neu oder gebraucht? Kommt für Sie nur ein (nahezu) bezugsfertiges Haus in Frage oder können Sie sich vorstellen, unter Umständen auch größere Renovierungsarbeiten, aufwendige Umbauten oder gar einen Zubau erst vornehmen zu lassen? Hausbauen ist nicht jedermanns Sache, oft werden behördliche Bewilligungen erforderlich sein.

Infrastruktur. Welche Verkehrsverbindungen sind Ihnen wichtig? Wie weit dürfen Entfernung und Fahrtdauer zu Arbeits- bzw. Ausbildungsplätzen maximal sein? Brauchen Sie öffentliche Verkehrsmittel in der Nähe? Legen Sie Wert auf Radwege? Wollen Sie die Geschäfte für den täglichen Bedarf zu Fuß abwickeln? Sollen Supermarkt, Apotheke, Arzt, Krankenhaus, Post, Putzerei, Schule und Kindergarten in unmittelbarer Nähe sein? Schätzen Sie die Nähe von Erholungsflächen, Tennisplatz, Schwimmbad, kulturellen und kommunikativen Einrichtungen?

Himmelsrichtung. Wohin soll Ihr Haus schauen? Das Ausmaß der Sonneneinstrahlung wirkt sich nicht nur auf das Gemüt, sondern auch auf die Heizkosten aus. Legen Sie Wert auf eine windgeschützte Lage?

Traumhaus vom Keller bis zum Dach

Wie viele Räume soll Ihr Haus haben und wie groß muss es sein? Stellen Sie schriftlich zusammen, was Ihnen wichtig ist und tragen Sie die Daten bei jeder Besichtigung ein. Das erleichtert Ihnen den Vergleich mit anderen Objekten.

- Wohnzimmer
- Esszimmer (wenn nicht im Wohnzimmer)
- Küche als eigener Raum (wenn nicht als Wohnküche im Ess- oder Wohnzimmer untergebracht)
- Kinderzimmer (am besten für jedes Kind ein eigenes – berücksichtigen Sie die Größe, wenn es gleichzeitig als Schlaf- und Aufenthaltsraum genutzt werden soll)
- Schlafzimmer
- Gästezimmer
- Arbeitszimmer (denken Sie neben einem Büroraum auch an ein Näh- und Bügelzimmer)
- Badezimmer und WC (je Geschoß eines)
- Abstell- und Einlagerungsräume (Keller)
- eventuell Hobbyräume, Sauna (Keller)
- Wasch- und Trockenraum für die Wäsche
- Abstellräume für Fahrräder, Sportgeräte und Gartenwerkzeuge; Garage (oder Abstellplatz im Freien) für Auto oder Motorrad
- Terrasse, Veranda, Wintergarten

Nachbarn. Bevorzugen Sie Familien mit Kindern in der Nachbarschaft, oder soll es auch tagsüber möglichst ruhig sein? Vor allem, wenn das Haus Teil einer Miteigentümeranlage ist, sollte eine gewisse Gesprächsbasis zwischen den Nachbarn bestehen.

Größe. Wie viele Räume welcher Größe sollte Ihr Wohnhaus haben? Soll auch das obere Geschoß des Hauses die nötigen Sanitäreinrichtungen (Bad, Toilette) aufweisen? Bedenken Sie, dass sich die Bedürfnisse bei Kindern mit zunehmendem Alter ändern. Wenn die „Kinder" einmal aus-

Wie viel bleibt übrig?

Einnahmen

- Eigenes Nettoeinkommen
- Einkommen weiterer Haushaltsangehöriger
- Summe Haushaltseinkommen

Ausgaben

- Kosten für Ernährung, Bekleidung, Hygiene
- Wohnbetriebskosten (Wasser, Strom, Müllabfuhr, Heizung etc.)
- Telefon-, Fernseh- und Radiogebühr
- Versicherungsprämien, Abonnements
- bestehende Kredit- und Leasingraten
- Schul- und Ausbildungskosten
- Kosten für Auto und öffentliche Verkehrsmittel
- Summe Fixausgaben

Verfügbarer Betrag (Differenz)

Von diesem verfügbaren Betrag sollten Sie noch einmal ein Drittel als Sicherheitspolster für unvorhergesehene Ausgaben abziehen. Was dann noch übrig bleibt, können Sie für die Rückzahlungsraten des aufgenommenen Darlehens verwenden. Die Rückzahlungsraten sollten aber keinesfalls ein Drittel des Haushaltseinkommens übersteigen!

ziehen, wäre es von Vorteil, wenn ein Teil des Hauses als eigene Wohnung abgetrennt und vermietet werden kann. Beachten Sie aber auch, dass jeder Quadratmeter mehr an Wohnfläche höhere Betriebskosten (Strom, Heizung etc.) mit sich bringt.

Ruhig oder belebt? Sind Sie lärm- oder geruchsempfindlich? Welche Vorteile wiegen es auf, direkt an einer stark befahrenen Straße oder in der Einflugschneise eines Flughafens zu wohnen? Können Sie sich mit den Gerüchen eines landwirtschaftlichen oder dem Lärm eines gewerblichen Betriebs in unmittelbarer Nachbarschaft abfinden?

Seniorengerechte Ausgestaltung. Mit zunehmendem Alter werden Beweglichkeit und körperliche Belastbarkeit oft geringer. Dann erweist es sich als Vorteil, wenn sich die Wohn- und Sanitärräume auf einer Ebene befinden und ohne Stufen miteinander verbunden sind. Im Badezimmer wird häufig eine Dusche wichtiger sein als eine Badewanne, weil der Einstieg einfacher ist. Berücksichtigen Sie daher auch diese Umstände, wenn Sie das Haus auch für Ihren späteren Lebensabschnitt suchen.

Finanzüberblick. Wie hoch ist das verfügbare Haushaltseinkommen für Darlehensrückzahlungen? Hier ist, wie in allen Finanzierungsfragen, unbedingt Ehrlichkeit angesagt, wollen Sie nicht über kurz oder lang in einer ausweglosen Schuldenspirale landen.

Erfolgreich suchen

Die Suche nach dem passenden Einfamilienhaus ist häufig schwieriger als erwartet. Das Durchstöbern von Anzeigen in Zeitungen und Zeitschriften nach passenden Angeboten ist mühsam. Trotzdem können Sie sich anhand dieser Inserate einen recht guten Überblick über die Marktlage und die ungefähre Höhe der Angebotspreise verschaffen. Viele Anzeigen werden von Immobilienmaklern geschaltet. Ebenso können Sie von sich aus Kontakt mit Maklern aufnehmen und anfragen, ob sie passende

Inserate und Energieausweis

In Zukunft müssen bei allen Anzeigen, mit denen Immobilien zum Kauf oder zur Anmietung angeboten werden, zwei Indikatoren für die energetische Situation des Objektes bereits im Inserat angegeben werden: der Heizwärmebedarf und der Gesamtenergieeffizienzfaktor. Dies betrifft Anzeigen in Druckwerken und in elektronischen Medien. Die Verpflichtung trifft den Abgeber bzw. den von ihm beauftragten Immobilienmakler. Werden die Angaben unterlassen, so stellt dies eine Verwaltungsübertretung dar und zieht eine Verwaltungsstrafe nach sich. Diese Bestimmungen sind im Energieausweis-Vorlagegesetz 2012 enthalten, das derzeit erst im Entwurf vorliegt (Näheres ► Seite 84). Voraussichtliches Inkrafttreten ist der 1.12.2012.

Angebote haben, oder sich auf eine Interessentenliste setzen lassen. Viele Makler bieten neu hinzugekommene Objekte zuerst ihren vorgemerkten Interessenten an, bevor sie sie in einer Zeitung inserieren.

Sie können auch selbst ab und zu in die Gegend, in die Sie ziehen möchten, fahren, und dort direkt nach Angeboten suchen. Immer wieder finden sich Schilder mit dem Angebot „Haus zu verkaufen" direkt auf den angebotenen Liegenschaften. Auch bei Gemeindeämtern gibt es manchmal Anschlagtafeln für private Angebote oder Gesuche. Nachfragen beim örtlichen Gasthaus oder Heurigen kann auch nicht schaden.

Am ständig wachsenden Immobilienangebot des Internets kann heute niemand mehr vorbei

Im Internet gibt es mittlerweile das umfangreichste Immobilienangebot, von der Luxusvilla bis zum „Bastlerhit" (altes und renovierungsbedürftiges Haus). Alles können Sie hier finden. Neben Internetseiten von Immobilienmaklern oder Maklervereinigungen bieten auch die Banken und Sparkassen auf eigenen Seiten sehr umfangreiche Angebote. Teilweise handelt es sich dabei um Plattformen, auf denen sich neben Inseraten von Maklern auch Privatangebote finden lassen. Je nach Anbieter sind auch Lageplan und Fotos des Hauses und des Grundstückes verfügbar.

Zuletzt noch ein Hinweis: Einfamilienhäuser können von Privatpersonen auch im Rahmen einer Versteigerung erworben werden. Von den Bezirksgerichten werden alle Versteigerungen von Liegenschaften (Liegenschaftsanteilen) über das Internet bekanntgemacht. Unter www.edikte.justiz.gv.at finden Sie die sogenannte Ediktsdatei. Alle Bekannt-

Alle informieren

Lassen Sie es auch Bekannte und Kollegen wissen, wenn Sie ein Einfamilienhaus in einer bestimmten Gegend suchen. Vielleicht kommen Sie auf diesem Weg zu einem provisionsfreien Haus.

machungen in Zusammenhang mit einer Liegenschaftsversteigerung werden darin veröffentlicht. Neben genauen Angaben zur Liegenschaft finden Sie darin Versteigerungsort und -zeit, den Schätzwert und das geringste Gebot angeführt. In den meisten Fällen sind auch Auszüge aus dem Schätzgutachten, Bilder, Lagepläne und Grundrisse für jedes Objekt im Internet verfügbar. Näheres zum Versteigerungsverfahren ► Seite 117 f.

Das Grundbuch

Grundbuch: erste Quelle für die Kontrolle der Angaben des Verkäufers

Den Weg zum Grundbuch sollte kein Kaufinteressent scheuen. Wie bereits erwähnt (► Seite 10), können dem Grundbuch die Eigentumsverhältnisse und andere Rechte an den einzelnen Liegenschaften entnommen werden. Nur anhand dieser Daten können Sie die Angaben des Verkäufers überprüfen.

Das Grundbuch wird von den einzelnen Bezirksgerichten für den jeweiligen Gerichtssprengel geführt. Es ist ein öffentliches Register, in das alle Liegenschaften und die an ihnen bestehenden Rechte eingetragen werden. Die im Grundbuch enthaltenen Eintragungen genießen öffentlichen Glauben: Jedermann darf sich auf ihre Richtigkeit und Vollständigkeit verlassen.

Hauptbuch und Urkundensammlung

Die wichtigsten Einrichtungen des Grundbuches sind

- das Hauptbuch und
- die Urkundensammlung.

Im Hauptbuch besteht für jede Liegenschaft eine Grundbucheinlage (Muster ► Seite 40 ff.), die eine eigene Einlagezahl (EZ) aufweist. Diese Einlage ist in drei so genannte Blätter eingeteilt:

- das Gutsbestandsblatt (A-Blatt),
- das Eigentumsblatt (B-Blatt) und
- das Lastenblatt (C-Blatt).

Im Grundbuch ist nicht immer die aktuelle Flächenwidmung eingetragen!

Im Gutsbestandsblatt ist die Liegenschaft kurz beschrieben, ihre Größe und Widmungsart sowie allfällige mit dem Eigentum an der Liegenschaft verbundene Rechte und öffentlich-rechtliche Beschränkungen. **Achtung:** Die im Grundbuch eingetragene Widmungsart entspricht nicht immer der aktuellen Flächenwidmung, da Änderungen erst mit (teilweise) erheblicher zeitlicher Verzögerung im Grundbuch eingetragen werden. Ist im A-Blatt einer Einlage der Vermerk „Änderung in Vorbereitung" eingetragen, so bedeutet dies eine geplante Flächenänderung durch Zu- oder Abschreibungen. Dazu gehört z.B. die Schaffung mehrerer selbstständiger Liegenschaften aus einem großen Grundstück (Parzellierung).

Aus dem Eigentumsblatt ergibt sich, wer Eigentümer der Liegenschaft ist, bei mehreren Eigentümern auch deren Anteile. Die Anteile sind jeweils in Bruchzahlen angegeben. Nach dem Namen des Eigentümers folgt die Angabe der Art des Eigentumserwerbes – Kauf, Erbschaft etc. – und die Urkunde, aufgrund derer das Eigentumsrecht verbüchert worden ist. Zu jeder Urkunde ist eine Zahl (Tagebuchzahl) angeführt, anhand derer sie in der Urkundensammlung, die beim örtlich zuständigen Bezirksgericht geführt wird, gefunden werden kann.

Weitere wichtige Eintragungen, die im Eigentumsblatt beim jeweiligen Miteigentumsanteil aufscheinen können:

- das Wohnungseigentum an einer bestimmten Wohnung oder einem Einfamilien-(Reihen-)Haus, wenn Wohnungseigentum begründet ist;
- die Anmerkung der Zusage künftigen Wohnungseigentums, wenn die Wohnungseigentumsbegründung noch nicht durchgeführt worden ist, sich der Verkäufer aber dazu verpflichtet hat;
- die Anmerkung der Rangordnung für die beabsichtigte Veräußerung (► Seite 112).

Bei der Angabe der Art des Eigentumserwerbs sind häufig zwei Zeilen eingetragen: Zunächst der Hinweis „Eigentumsrecht vorgemerkt" und in einer zweiten Zeile, mit einer anderen Tagebuchzahl, der Begriff „Rechtfertigung". Dies bedeutet Folgendes: Unmittelbar nach Kaufvertragsabschluss, aber noch vor Vorliegen aller notwendigen Urkunden, wurde das Eigentumsrecht vorgemerkt. Das stellt zunächst einen bedingten Eigentumserwerb dar. Mit der Vorlage der fehlenden Urkunden, etwa der Unbedenklichkeitsbescheinigung des Finanzamtes, wird die Eintragung gerechtfertigt und damit grundbücherlich abgeschlossen.

Das Lastenblatt enthält die mit dem Liegenschaftseigentum verbundenen Belastungen. Dazu gehören Pfandrechte (Hypotheken), Dienstbarkeiten, Veräußerungs- und Belastungsverbote. Diese Belastungen können auf der gesamten Liegenschaft oder nur auf einzelnen Miteigentumsanteilen bestehen. Im zweiten Fall wird bei der Belastung immer angeführt, auf welchen Miteigentumsanteil des B-Blattes sie sich bezieht.

Ob eine Hypothek auf der Liegenschaft lastet, geht aus dem C-Blatt hervor

Im Lastenblatt werden bei verbüchertem Wohnungseigentum auch Sondervereinbarungen der Wohnungseigentümer eingetragen. Dazu gehören abweichende Kostentragungsvereinbarungen und Benützungsregelungen über Gemeinschaftsanlagen. Bei schlichtem Miteigentum können Vereinbarungen der Miteigentümer über die Nutzung der Sache an sich, z.B. eine abwechselnde Nutzungsmöglichkeit des Wochenendhauses, im Grundbuch eingetragen werden. Auch bei den Eintragungen im C-Blatt ist jeweils eine Tagebuchzahl angeführt, anhand derer die zugehörige Urkunde in der Urkundensammlung zu finden ist.

Einsicht in das Grundbuch

Da es sich beim Grundbuch um ein öffentliches Register handelt, kann jeder Interessierte über die enthaltenen Eintragungen am Bezirksgericht Auskunft bekommen. Mündliche Auskünfte sind kostenlos. Schriftliche Grundbuchauszüge erhalten Sie dagegen nur dann, wenn Sie eine Gebühr von derzeit elf Euro entrichten.

Das Hauptbuch ist in ganz Österreich auf automationsunterstützte Datenverarbeitung umgestellt. Damit kann bei jedem Bezirksgericht ein Grundbuchauszug jeder Liegenschaft in Österreich abgerufen werden.

Inzwischen wurde auch eine Abfragemöglichkeit über das Internet eingerichtet. Notare, Rechtsanwälte, Gemeinden, Kreditinstitute etc. haben auch entsprechende EDV-Anschlüsse an das Grundbuch.

Ist Ihnen die Einlagezahl einer Liegenschaft nicht bekannt, müssen Sie zunächst diese über das Straßenverzeichnis oder die Katastermappe erheben. Die Katastermappe ist eine Landkarte, in der die einzelnen Grundstücke mit ihren Grenzen eingetragen sind. Diese Karte mit allen aktuellen Eintragungen liegt immer beim örtlich zuständigen Vermessungsamt in der Bezirkshauptmannschaft auf. Beim zuständigen Bezirksgericht kann in diese Landkarten elektronisch Einsicht genommen werden.

Die Urkundensammlung wird nur beim örtlich zuständigen Bezirksgericht geführt. Diese wurde im Laufe des Jahres 2006 ebenfalls auf die automationsunterstützte Datenverarbeitung umgestellt, Je nach Umstellungsstichtag für die einzelnen Bezirksgerichte sind die neuen Urkunden nur mehr über die ADV bzw. das Internet abrufbar.

Möchten Sie dagegen Einsicht nehmen in einen älteren Kaufvertrag oder einen Darlehensvertrag, geht das nicht ohne Gang zum zuständigen Bezirksgericht.

Eintragungsgrundsatz und Prioritätsprinzip

Entscheidend für den Eigentumserwerb ist die Eintragung ins Grundbuch

Rechte an Liegenschaften können nur durch Eintragung im Grundbuch erworben werden (Eintragungsgrundsatz). Damit wird das (Mit-)Eigentum erst mit Eintragung im Grundbuch wirksam. Ausgenommen davon sind:

- der Gerichtsbeschluss im Erbschaftsverfahren und
- der Zuschlag im Versteigerungsverfahren.

In diesen beiden Fällen erfolgt der Eigentumserwerb bereits mit der jeweiligen Urkunde und nicht erst mit der Grundbucheintragung.

Neben dem Eintragungsgrundsatz gilt beim Grundbuch auch das Prioritätsprinzip: Wer früher dran ist, ist rechtlich stärker. Demnach wird im Grundbuch bei zwei gleich lautenden Anträgen um Einräumung eines bestimmten Rechtes – etwa des Eigentumsrechtes – dem zeitlich früher eingelangten Antrag stattgegeben.

Damit Sie als Käufer kein Risiko eingehen, sollten Sie die Geldübergabe beim Kauf einer Liegenschaft von der Übergabe eines sogenannten Rangordnungsbescheides abhängig machen (► Seite 112). Nur dann haben Sie die Sicherheit, dass Ihr Eigentumsrecht im Rang der seinerzeitigen Anmerkung eingetragen wird. Grundbucheintragungen, die zeitlich erst nach dieser Anmerkung erfolgt sind, wirken nicht gegen Sie, Sie können deren Löschung beantragen. Ausgenommen davon sind natürlich alle Eintragungen, die mit Ihrem Erwerb in Zusammenhang stehen, z.B. das Pfandrecht für Ihr Darlehen.

Typische Belastungen im Grundbuch

Belastungen, die im C-Blatt einer Liegenschaft eingetragen sind, könnten zum Beispiel ein Veräußerungsverbot, ein Vorkaufsrecht, ein Pfandrecht oder eine Dienstbarkeit/Servitut) sein.

Veräußerungsverbot

Wird für den Bau eines Einfamilienhauses eine Wohnbauförderung (Objektförderung) in Anspruch genommen, ist im Regelfall auf Laufzeit der Förderung ein gesetzliches Veräußerungsverbot im Grundbuch eingetragen. In so einem Fall kann das Objekt nur mit Zustimmung der Förderstelle verkauft werden. Diese Zustimmung kann von Bedingungen abhängig gemacht werden. Soll die Förderung vom Käufer übernommen werden, muss auch dieser die Bestimmungen zur Förderungswürdigkeit (Einkommen, Familiengröße) erfüllen. Die Regelungen sind in den einzelnen Bundesländern verschieden. Es ist auch möglich, dass die Zustimmung der Förderstelle nur bei teilweiser oder gänzlicher Rückzahlung der Fördermittel erteilt wird. Die formelle Zustimmung der Förderstelle kann erst eingeholt werden, wenn die unterfertigte Kaufvertragsurkunde vorliegt. Der Kaufvertrag muss daher unter einer aufschiebenden Bedingung abgeschlossen werden.

Bei geförderten Objekten muss die Förderstelle dem Kauf zustimmen

Erkundigungen bei der Förderstelle sollten Sie als Käufer in solchen Fällen freilich schon einholen, bevor Sie eine Kaufvertragserrichtung in Auftrag geben.

Die Grundlage eines Veräußerungsverbotes kann aber auch eine vertragliche Vereinbarung sein. Vertragliche Veräußerungsverbote sind meist mit einem Belastungsverbot gekoppelt. Im Grundbuch können nur vertragliche Veräußerungs- und Belastungsverbote zwischen nahen Verwandten eingetragen werden. Das Verbot wirkt aber gegen jedermann. Ein wirksamer Verkauf oder eine wirksame Pfandrechtsbegründung ist dann nur mit Zustimmung des Berechtigten möglich. Vertragliche Veräußerungs- und Belastungsverbote binden aber nur den Eigentümer, der das Verbot eingeräumt hat. Erben oder sonstige Rechtsnachfolger (z.B. Käufer) sind davon nicht mehr betroffen.

Vorkaufsrecht

Das Vorkaufsrecht wird in der Praxis meist nur Familienangehörigen eingeräumt. Wenn ein Einfamilienhaus durch ein Vorkaufsrecht belastet ist, muss der Eigentümer den Vorkaufsberechtigten von der beabsichtigten Veräußerung verständigen und ihm das Objekt zum Kauf anbieten – und zwar, sobald eine verbindliche Vertragserklärung eines Kaufinteressenten vorliegt. Das kann ein schriftliches Kaufanbot sein oder schon der Kaufvertrag. Der Vorkaufsberechtigte hat nun dreißig Tage Zeit, sein Vorkaufsrecht auszuüben. Das heißt, er kann entscheiden, ob er anstelle des Kaufinteressenten das Objekt zu diesen Bedingungen kauft. Übt er sein Vorkaufsrecht rechtzeitig aus, rückt er an die Stelle des Kaufinteressenten und hat dann den Kaufpreis zu bezahlen, der geboten worden ist. Etwas anderes würde nur gelten, wenn mit dem Vorkaufsberechtigten vorab bereits ein bestimmter Vorkaufspreis vereinbart worden ist, der bei Ausübung des Vorkaufsrechtes zur Anwendung gelangen soll.

Ein Vorkaufsberechtigter hat dreißig Tage Zeit, sein Recht auszuüben

Ist eine Liegenschaft mit einem Vorkaufsrecht belastet, liegt einer jener seltenen Fälle vor, in denen wir zu einem schriftlichen Kaufanbot (► Seite 94) raten. Als Käufer müssen Sie damit rechnen, dass der Verkäufer Sie ersucht, ein verbindliches Kaufanbot zu legen. Der Verkäufer wird das Kaufanbot nur unter der schriftlichen Bedingung annehmen (gegenzeichnen), dass das Vorkaufsrecht nicht ausgeübt wird. Da der Vorkaufsberechtigte 30 Tage Zeit hat, sein Vorkaufsrecht auszuüben, sollte im Kaufanbot eine entsprechend lange Bindungsdauer vorgesehen sein. Ist ein Vorkaufsrecht im Grundbuch eingetragen, kann das Eigentumsrecht des Käufers nur verbüchert werden, wenn die Zustimmung des Vorkaufsberechtigten vorliegt, bzw. durch Urkunden bescheinigt wird, dass das Einfamilienhaus dem Vorkaufsberechtigten vergeblich zum Kauf angeboten wurde. Vorkaufsrechte können nicht nur vertraglich begründet werden, sie können ihre Grundlage auch in sondergesetzlicher bzw. behördlicher Anordnung im öffentlichen Interesse haben.

Pfandrecht

Das Pfandrecht an einer Liegenschaft wird auch Hypothek genannt. Hypotheken werden im Grundbuch eingetragen und dienen dem Gläubiger (meist einer Bank) zur Absicherung einer Geldforderung. Kommt der Schuldner seiner Zahlungsverpflichtung (z.B. Kreditrückzahlung) nicht nach, kann der durch das Pfandrecht abgesicherte Gläubiger die Zwangsversteigerung der Liegenschaft veranlassen und sich aus dem Versteigerungserlös befriedigen. Ein im Grundbuch eingetragenes Pfandrecht bleibt von einem Eigentümerwechsel unberührt, der jeweilige Eigentümer muss es gegen sich gelten lassen.

Wird ein Pfandrecht nicht gelöscht, gilt es auch gegenüber dem Käufer

Wenn ein Einfamilienhaus mit einem Pfandrecht belastet ist, stellt sich zunächst die Frage, wie hoch die dem Pfandrecht zugrundeliegende Geldforderung derzeit noch ist. Pfandrechte werden bei Darlehensgewährung mit dem vollen Darlehensbetrag im Grundbuch eingetragen. Darlehensrückzahlungen vermindern das eingetragene Pfandrecht hingegen nicht automatisch. Jede Änderung des eingetragenen Pfandrechtes bedarf nämlich eines eigenen kostenpflichtigen Antrages an das Grundbuchsgericht. Aus diesem Grund wird im Regelfall erst nach gänzlicher Tilgung des Darlehens auch das Pfandrecht zur Gänze gelöscht.

Die meisten Kaufinteressenten wollen ein Objekt lastenfrei erwerben. Wenn der Verkäufer die besicherten Schulden (z.B ein Bankdarlehen) erst aus dem Verkaufserlös begleichen möchte, muss ein Treuhänder (► Seite 113) bestellt werden. Dieser bezahlt dann aus der bei ihm erlegten Kaufsumme zunächst die Schulden des Verkäufers und lässt sich im Gegenzug vom Gläubiger (z.B. der Bank) eine Löschungsquittung ausstellen, anhand derer er die Löschung des Pfandrechts erwirken kann. Erst wenn das geklärt ist, wird der restliche Teil der Kaufsumme vom Treuhänder an den Verkäufer ausbezahlt.

Soll hingegen vereinbart werden, dass Sie als Käufer bei entsprechend niedrigem Barkaufpreis das Pfandrecht und die damit verbundenen Schulden des Verkäufers übernehmen, ist zu bedenken, dass auch der Gläubiger (z.B. die Bank) einer solchen Schuldübernahme zustimmen muss. Besondere Bedingungen gelten, wenn das Pfandrecht zur Absicherung eines geförderten Landesdarlehens dient. Ist eine Wohnbauförderung im Spiel, ist neben dem Pfandrecht meist auch ein Veräußerungsverbot (► Seite 35) zugunsten des Landes im Grundbuch eingetragen. Welche Bedingungen für den Verkauf bzw. die Übernahme des geförderten Landesdarlehens durch den Käufer gelten, ist bei der Landesförderstelle zu erfragen.

Dienstbarkeit (Servitut)

Eine Dienstbarkeit ist ein beschränktes Nutzungsrecht an einer fremden Sache. Ist eine Dienstbarkeit im Grundbuch eingetragen, bleibt sie von einem Eigentümerwechsel unberührt: Auch ein Käufer muss sie gegen sich gelten lassen.

Es gibt Grunddienstbarkeiten und persönliche Dienstbarkeiten

Bei einer Grunddienstbarkeit ist der jeweilige Eigentümer der begünstigten Liegenschaft der Berechtigte. Das könnte z.B. das Recht des Nachbarn sein, das kaufgegenständliche Grundstück zu überqueren oder eine Wasserleitung darüberzuführen.

Eine persönliche Dienstbarkeit steht hingegen immer nur einer bestimmten Person zu und endet spätestens mit deren Tod. Lastet auf einem Einfamilienhaus ein Fruchtgenussrecht, so bedeutet dies, dass der Fruchtgenussberechtigte ein sehr weitgehendes Benützungsrecht an dem Objekt hat – er darf das Objekt sogar vermieten. Ein Wohnrecht berechtigt hingegen nur zum eigenen Gebrauch des Objektes. Um herauszufinden, in welchem Umfang etwa ein Wohnrecht im konkreten Fall reicht, muss in die zugrundliegende Vereinbarung Einsicht genommen werden.

Zusammenfassung

- **Bedürfnisse und Möglichkeiten.** Noch bevor Sie sich auf die Suche nach Ihrem Traumhaus begeben, klären Sie für sich, wo und wie Sie wohnen möchten. Und machen Sie einen Kassasturz, was Ihre finanziellen Möglichkeiten betrifft.
- **Liste erstellen.** Machen Sie eine genaue Aufstellung über Ihre Wünsche. Welche Art von Haus soll es sein, möchten Sie einen großen Garten, brauchen Sie öffentliche Verkehrsmittel in der Nähe, eine Apotheke, eine Poststelle?
- **Mehrfach suchen.** Viele Wege führen zum Ziel. Studieren Sie Zeitungsinserate und Angebote im Internet, um einen Überblick über die verlangten Preise zu bekommen. Kontaktieren Sie Makler, informieren Sie Ihren Bekanntenkreis, nutzen Sie die einschlägigen Angebote im Internet.
- **Blick ins Grundbuch.** Sind Sie fündig geworden, schauen Sie im Grundbuch nach, ob die Angaben des Hausverkäufers auch tatsächlich stimmen. Abfragen können Sie nicht nur bei den Bezirksgerichten tätigen, sondern auch bei Notaren, Anwälten, Kreditinstituten oder über das Internet.

```
GRUNDBUCH 00000 Steinfeld          EINLAGEZAHL 1111
BEZIRKSGERICHT Baden
**********************************ABFRAGEDATUM 2011-01-10
Letzte TZ 1427/2009
Wohnungseigentum
**************************** A1 ****************************
  GST-NR  G BA (NUTZUNG)         FLÄCHE  GST-ADRESSE
  312/3   G GST-Fläche            1600
            Baufl.            1100
            Garten             500  Maierg. 56
**************************** A2 ****************************
  1  a 1919/1981 Bauplatz (auf) Gst 312/3
**************************** B *****************************
  1 ANTEIL: 7/20
   Mustermann   Max
   GEB: 1954-03-11 ADR: Maierg. 56   2500
    d 2279/2002 Wohnungseigentum an Haus 1, Gartenteil 1
    e 1304/2006 Kaufvertrag 2005-11-12 Eigentumsrecht vorgemerkt
    f 2207/2006 Rechtfertigung
  2 ANTEIL: 8/20
   Maier   Hans
   GEB: 1958-11-19 ADR: Maierg. 56   2500
    f 2279/2002 Wohnungseigentum an Haus 2, Gartenteil 2
    g 1432/2008 IM RANG 6552/2007 Kaufvertrag 2007-05-03 Eigentumsrecht
  3 ANTEIL: 5/20
   Huber   Gabriele Mag.
   GEB: 1971-11-16 ADR: Bernsteing. 3   2500
    b 1427/2001 Veräußerungsverbot
    c 2279/2002 Wohnungseigentum an Haus 3, Gartenteil 3
    h 1427/2009 Kaufvertrag 2009-03-02 Eigentumsrecht
**************************** C *****************************
  1    auf Anteil 3
    a 1427/2001 Schuldschein 1981-01-23
       PFANDRECHT                              135.000,–
       1% Z, 9% VZ, NGS 13.500,– für Bundesland Niederösterreich
  2    auf Anteil 3
    a 1427/2001
       VERÄUSSERUNGSVERBOT gem. WFG  für Bundesland Niederösterreich
a 2279/2002 Vereinbarung über die Aufteilung der Aufwendungen
      gem. § 32 WEG Punkt IV. Wohnungseigentumsvertrag 2002-08-10
************************ HINWEIS ***************************
       Eintragungen ohne Währungsbezeichnung sind Beträge in ATS
************************************************************
```

Muster eines Grundbuchauszuges: Liegenschaft mit drei Einfamilienhäusern – Wohnungseigentum

Im A-Blatt (das ist im Grundbuchauszug mit A1 und A2 bezeichnet) ist der Vermerk „Wohnungseigentum" enthalten. Es handelt sich daher um eine Liegenschaft, an der Wohnungseigentum bereits begründet worden ist.

Im B-Blatt ist mit jedem Miteigentumsanteil das Wohnungseigentum an einem bestimmten Einfamilienhaus und einem Anteil am Garten verbunden. Es gibt drei Häuser mit Gärten, die Miteigentumsanteile sind aber nicht alle gleich groß.

Die Wohnungseigentumsbegründung fand bereits 2002 statt (TZ 2279/2002). Die aktuell verbücherten Miteigentumsanteile wurden alle erst nach der Wohnungseigentumsbegründung erworben. Es gab davor schon andere Wohnungseigentümer.

Das Eigentumsrecht von Max Mustermann, B-LNr 1, wurde in zwei Schritten eingetragen. Zunächst wurde das Eigentum aufgrund des Kaufvertrages „vorgemerkt" (B-LNr 1 lit e) und erst nach Vorliegen der zunächst fehlenden Urkunden „gerechtfertigt" (B-LNr 1 lit f).

Im C-Blatt ist unter LNr 2 auf den Anteil B-LNr 3 (Mag. Gabriele Huber) ein Veräußerungsverbot für das Land Niederösterreich eingetragen. In Zusammenhang mit den Eintragungen im C-Blatt (C-LNr 1 und C-LNr 2) ergibt sich, dass eine Wohnbauförderung gewährt worden ist. Damit kann dieser Anteil nur mit Zustimmung des Berechtigten (Land Niederösterreich) veräußert werden.

Im C-Blatt ist unter LNr 3 ein geänderter Kostenverteilungsschlüssel aufgrund des Wohnungseigentumsvertrages aus dem Jahr 2002 eingetragen. Diese Vereinbarung bindet daher auch die derzeitigen und künftigen Miteigentümer.

GRUNDBUCH 00000 Steinfeld EINLAGEZAHL 1211
BEZIRKSGERICHT Baden
************************************ ABFRAGEDATUM 2011-01-10
Letzte TZ 673/1999
**************************** A1 *******************************
GST-NR BA (NUTZUNG) FLÄCHE GST-ADRESSE
267 GST-Fläche 1789
Baufläche 1288
Garten 501 Maiergasse 167

**************************** A2 *******************************
1 a gelöscht

**************************** B *******************************
4 ANTEIL: 1/4
Maier Edith
GEB: 1956-03-08 ADR: Grüne Salzg. 18 1020
b 187/2006 IM RANG 4028/2005 Kaufvertrag 2005-10-19 Eigentumsrecht
6 ANTEIL: 1/4
Gruber Heinrich
GEB: 1952-02-16 ADR: Blaumühlgasse 5 2500
c 188/2006 IM RANG 4028/2005 Kaufvertrag 2005-10-19 Eigentumsrecht
7 ANTEIL: 1/4
Müller Alois
GEB: 1952-08-16 ADR: Michelgasse 4 2500
c 345/2006 IM RANG 4028/2005 Kaufvertrag 2006-02-17 Eigentumsrecht
8 ANTEIL: 1/4
Reiter Hermine
GEB: 1958-02-16 ADR: Am Kanal 5 2500
a 3395/2009 IM RANG 875/2009 Kaufvertrag 2009-05-29 Eigentumsrecht

**************************** C *******************************
9 auf Anteil 4
a 3395/2009 Pfandurkunde 2009-05-31
PFANDRECHT Höchstbetrag 50.000,– EUR
für Bank Austria Aktiengesellschaft

************************** HINWEIS ***************************
Eintragungen ohne Währungsbezeichnung sind Beträge in ATS
****

Muster eines Grundbuchauszuges: Liegenschaft mit vier Einfamilienhäusern – schlichtes Miteigentum

Im A-Blatt ist kein Vermerk zum Wohnungseigentum enthalten, es handelt sich daher um schlichtes Miteigentum.

Im B-Blatt sind vier (schlichte) Miteigentümer, Anteil je ein Viertel, eingetragen. Es ist aber nicht ersichtlich, welchem der Miteigentümer welches der vier Einfamilienhäuser zur Nutzung überlassen ist.

Im C-Blatt ist unter LNr 9 ein Pfandrecht zugunsten einer Bank eingetragen. Dieses belastet aber nur den Anteil B-LNr 4 (Maier Edith).

Hinweis: Treffen die vier Miteigentümer eine Vereinbarung darüber, wer welches Einfamilienhaus nutzen darf und wie die Grünflächen/Gärten benützt werden sollen, so kann diese Benützungsvereinbarung im Grundbuch eingetragen werden. Ein späterer Erwerber eines Miteigentumsanteiles ist für diesen Fall an die bestehende Benützungsvereinbarung gebunden.

Grundbücherliche Benützungsvereinbarungen beachten!

Umgang mit Maklern

– Zwischen Käufer und Verkäufer
– Rücktrittsrechte

Zwischen Käufer und Verkäufer

Makler sind Vermittler fremder Geschäfte

Sind Sie sich erst einmal im Klaren darüber, wonach Sie suchen, kann ein Immobilienmakler die Suche nach dem geeigneten Einfamilienhaus beschleunigen. Der Makler ist Drehscheibe zwischen potenziellen Käufern und Verkäufern. Er vermittelt fremde Geschäfte. Als Vermittler bringt er Kaufinteressenten und Abgeber an einen Tisch. Je präziser Sie das Wunschobjekt beschreiben, desto effizienter kann der Makler für Sie arbeiten. Aber auch wer auf eigene Faust nach einem Einfamilienhaus sucht, wird früher oder später einem Makler begegnen, etwa weil dieser bereits von der Verkäuferseite beauftragt worden ist.

Vermittlungsauftrag

In einem Vermittlungsauftrag verpflichtet sich der Auftraggeber, dem Makler bei erfolgreicher Vermittlung Provision zu bezahlen. Mit Hausinteressenten und Wohnungssuchenden werden in aller Regel so genannte einfache Vermittlungsaufträge abgeschlossen. Solche Vermittlungsaufträge sind unbefristet und können jederzeit mit sofortiger Wirkung aufgelöst werden. Den Makler trifft hier keine Tätigkeitspflicht. Provision steht ihm grundsätzlich nur zu, wenn der vermittelte Kauf tatsächlich zustande kommt. Es können daher auch mehrere Makler eingeschaltet werden. Vermittlungsaufträge werden in aller Regel schriftlich erteilt (z.B. als Klausel in Besichtigungsscheinen oder Kaufanboten). Aber auch eine mündliche und sogar schlüssige Auftragserteilung ist möglich.

Ausnahmen vom bisher Gesagten gelten für den sogenannten Alleinvermittlungsauftrag, der befristet abgeschlossen wird (mit Konsumenten für längstens sechs Monate und nur in Schriftform). Dem Auftraggeber sind hier während der Laufzeit die Hände gebunden. Er darf keine anderen Makler einschalten und wird zumeist sogar provisionspflichtig, wenn er selber einen Vertragspartner findet. Der auf diese Weise allein beauftragte Makler ist im Gegenzug verpflichtet, tätig zu werden. Alleinvermittlungsaufträge werden in der Praxis häufig mit Abgebern (potenziellen Verkäufern) vereinbart. Für Kaufinteressenten sind sie absolut unüblich. Auf der Suche nach einem Einfamilienhaus sollte eine zeitliche Bindung auf gar keinen Fall eingegangen werden.

Besichtigungsschein

Kommt es zu einer Hausbesichtigung, legt der Makler dem Interessenten zumeist ein Formular zur Unterschrift vor. Soweit darin lediglich die unverbindliche Besichtigung bestätigt und für den Fall des Ankaufs Provisionszahlung zugesagt wird, kann ruhigen Gewissens unterschrieben werden; es entstehen damit noch keine Kosten und auch keine Verpflichtung zum Ankauf des Einfamilienhauses.

Immer schriftlich

Bevor Sie einen Vermittlungsauftrag bzw. Besichtigungsschein unterschreiben, sollten Sie die Provisionshöhe (► Seite 56) aushandeln. Sagt Ihnen der Makler einen Sonderpreis zu, ist dieser jetzt schriftlich festzuhalten. Spätere Verhandlungen darüber werden nicht mehr allzu aussichtsreich sein.

Anbot

Ein Anbot ist nicht so harmlos wie ein Besichtigungsschein. Hier heißt es vorsichtig sein. Auch wenn der Makler das Anbot vorformuliert hat, mit Ihrer Unterschrift wird es zu Ihrer Erklärung! Wer ein Kaufanbot unterschreibt, gibt bereits die verbindliche Erklärung ab, das Objekt zu einem bestimmten Preis kaufen zu wollen. Mitunter wird von Maklern erklärt, das Kaufanbot diene nur dazu, das Haus für den Interessenten zu reservieren. Das ist unrichtig. Mit dem Anbot hat sich vorerst nur der Interessent gebunden. Dem Abgeber steht es frei, das Anbot anzunehmen oder nicht. Nimmt er es an, entsteht bereits ein vertragliches Verhältnis, das beide Teile zum Geschäft verpflichtet (Näheres zum Zustandekommen eines Vertrages ► Seite 96).

Ein Kaufanbot ist eine verbindliche Erklärung

Wie die Beratungspraxis zeigt, werden Kaufanbote leider sehr häufig unbedacht und vorschnell unterschrieben. Es kursieren Gerüchte über vermeintliche Rücktrittsrechte, die ohnehin immer und überall zustehen sollen. Ein generelles Rücktrittsrecht gibt es nicht! Lässt sich ein Interessent gleich bei der ersten Besichtigung zu einer Anbotlegung überreden, sind seine Chancen auf einen kostenlosen Rücktritt noch relativ gut (► Seite 57). Ansonsten sind Rücktrittsrechte nur in ganz bestimmten Ausnahmefällen möglich.

Ein Indikator für Unseriosität, wenn man Sie zur Unterschrift drängt!

Makler, die Interessenten – womöglich mit verharmlosenden Beteuerungen – drängen, möglichst rasch ein Anbot zu unterschreiben, handeln unseriös. Halten Sie Ihr Kaufinteresse möglichst lange unverbindlich. Der Kauf eines Einfamilienhauses ist kein Alltagsgeschäft. Verschiedenste Informationen sind einzuholen, ehe Sie das Verhandlungsstadium verlassen und eine bindende Vertragserklärung abgeben sollten: In welchem Zustand sind Leitungen, Kamin und Bausubstanz? Gibt es Grundfeuchtigkeit in den Wänden? Welche behördlichen Genehmigungen sind für den geplanten Umbau nötig? Ist die Finanzierung gesichert? (Siehe dazu auch ► Seite 78.)

Gegen eine frühzeitige Bindung mittels Kaufanbot spricht auch, dass ins Kaufanbot meist nur die wichtigsten Punkte des Geschäftes einfließen. In der Folge kann es zwischen Käufer und Verkäufer zu Streitigkeiten darüber kommen, welche – im Anbot nicht erwähnten – Neben-

Nur mit Vorbehalt

Sollten Sie wirklich nicht umhinkommen, ein Kaufanbot zu unterschreiben, aber noch unsicher sein, fügen Sie wenigstens Vorbehalte (Bedingungen) bei. Zum Beispiel:

- Gilt nur vorbehaltlich der Einigung über jeden noch offenen Haupt- und Nebenpunkt des Kaufvertrags.
- Gilt nur, wenn ich nicht binnen vierzehn Tagen widerrufe.
- Gilt nur, wenn meine Gattin ihre Zustimmung erteilt.
- Gilt nur vorbehaltlich einer Darlehensfinanzierung über den Betrag von ... (z.B. 60.000 Euro) durch meine Hausbank mit einer maximalen Monatsrate von ... (z.B. 420 Euro) und einer Laufzeit von ... (z.B. zwanzig) Jahren.

Haben Sie Ihr Anbot vom Eintritt einer Bedingung abhängig gemacht und tritt diese ohne ihr Verschulden nicht ein, können Sie vom geplanten Kauf noch kostenfrei Abstand nehmen.

Fragen stellen

Stellen Sie Fragen! Halten Sie alle Zusagen des Maklers (Lastenfreiheit, Zustand von Leitungen, Heizkessel etc.) schriftlich im Besichtigungsschein beziehungsweise Kaufanbot fest – so Sie um ein solches wirklich nicht herum kommen –, damit diese Zusagen sich später auch in der formellen Kaufvertragsurkunde wiederfinden.

punkte die formelle Kaufvertragsurkunde enthalten soll. Oft wird es sowohl für den Käufer als auch für den Verkäufer sinnvoller sein, kein Kaufanbot zu verwenden, sondern bindende Erklärungen erst nach bzw. im Rahmen eines gemeinsamen Beratungsgespräches beim Vertragserrichter (Rechtsanwalt oder Notar) abzugeben. Dem Provisionsanspruch des Maklers schadet es nicht, wenn das Geschäft ohne Verwendung eines Anbotformulares zustande kommt.

Kaufanbot: keine Conditio sine qua non für den Hauskauf

Abschluss- und Inkassovollmacht

Makler sind normalerweise als Vermittler, nicht als Vertreter des Auftraggebers (Verkäufers) tätig. Erklärungen in dessen Namen darf ein Makler nur abgeben, wenn er ausdrücklich dazu bevollmächtigt worden ist. Das gilt auch für die Berechtigung, Kaufpreiszahlungen entgegenzunehmen. Vollmachten dieser Art werden selten, allenfalls bei Ortsabwesenheit des Abgebers, erteilt. Als Interessent sollten Sie sich in diesen Fällen die schriftliche Vollmacht zeigen lassen. Auch eine – zumindest telefonische – Rückfrage beim Abgeber kann nicht schaden.

Anzahlung auf die Maklerprovision, Fälligkeit

Vorauszahlungen auf die Maklerprovision sollten nicht gegeben werden. Diese wird erst fällig, wenn das Hauptgeschäft entsteht. Bei entsprechender Formulierung des Anbots kann das bereits mit der Annahme durch den Abgeber sein, eine spätere Zahlung kann aber vereinbart werden.

Anzahlung ablehnen

Frau Flott ist über das Inserat eines Maklers auf ein zum Verkauf angebotenes frei stehendes Einfamilienhaus in Nußdorf gestoßen. Sie hat das Haus mehrmals besichtigt, den Grundbuchauszug geprüft, die Finanzierung geklärt und andere wesentliche Informationen eingeholt. Nun möchte sie möglichst rasch „zuschlagen", damit das Haus nicht in letzter Minute an jemand anderen geht. Nach rechtlicher Beratung erstellt sie ein Anbot, das bereits alle Punkte enthält, die ihr für die spätere Vertragsurkunde wichtig sind, und drängt auf sofortige Annahme durch die Abgeberin. Der Makler meint, diese sei derzeit verreist, gegen eine Anzahlung von 5.000 Euro auf den Kaufpreis könne er aber das Anbot in Vertretung der Verkäuferin gegenzeichnen. Frau Flott wird stutzig und verlangt vor Zahlung vom Makler eine schriftliche Inkassovollmacht.

Provision fällig

Frau Früh lässt sich vom Makler zu einer Vertragserklärung hinreißen. Im Anbot steht: „Ich erkläre hiermit verbindlich, das Objekt Grillparzerstraße 3 zu einem Kaufpreis von 180.000 Euro zu erwerben." Das Hauptgeschäft kommt hier bereits mit der Annahmeerklärung des Verkäufers zu Stande. Damit wird auch die Maklerprovision fällig.

Erst kaufen, dann zahlen

Halten Sie schriftlich fest, dass die Maklerprovision erst bei Unterzeichnung des Kaufvertrages zu bezahlen ist. Ist noch eine behördliche Genehmigung des Vertrages notwendig (► Seite 115), dann vereinbaren Sie, dass die Provision erst mit Erteilung der Genehmigung fällig wird.

Besichtigung ohne außergewöhnlichen Aufwand

Frau Sonntag sucht schon seit längerem nach einem Reihenhaus im Westen Wiens. Als sie nun auch das dritte ihr vom Makler gezeigte Objekt ablehnt, wird dieser ungeduldig. Er fordert 200 Euro für seine Aufwendungen. Der Aufwandsersatz steht ihm nicht zu. Das Durchführen mehrerer Besichtigungen stellt keine unübliche Aufwendung dar.

Kein Aufwandsersatz

Makler haben grundsätzlich keinen Anspruch auf gesonderten Ersatz ihrer Aufwendungen. Bei erfolgreicher Vermittlung steht ihnen eine relativ hohe Provision zu. Das Risiko, dass es zu keinem Abschluss kommt, ist damit abgedeckt. Nur ausnahmsweise könnte für unüblich hohe Aufwendungen des Maklers im Vorhinein ein Aufwandsersatz vereinbart werden. Mit Konsumenten bedarf eine derartige Vereinbarung der Schriftform. Kaufinteressenten betreffen derart unübliche Aufwendungen aber kaum.

Pflichten des Maklers

Ein Makler kann auch „Diener zweier Herren" sein

Der Makler hat die Interessen des Auftraggebers zu wahren. Anders als in anderen Branchen darf ein Immobilienmakler zwar sowohl mit dem Interessenten als auch mit dem Abgeber in einem Auftragsverhältnis stehen, er darf aber keinen der beiden bevorzugen. An den Auftraggeber sind alle erforderlichen Nachrichten so rasch wie möglich weiterzuleiten. Der Makler sollte den Wert des Kaufobjektes kennen und muss über Eigentumsverhältnisse wie auch eventuelle Belastungen der Liegenschaften aufklären. Er hat über die erkennbaren Vor- und Nachteile des Objektes zu informieren. Auch über einen bereits längere Zeit gültigen Flächenwidmungsplan sollte der Makler Bescheid wissen. Nicht verpflichtet ist er hingegen zu einer Aufklärung, die einer anwaltlichen Beratungstätigkeit gleichkommt. Grundsätzlich darf ein Makler auch den Angaben des Verkäufers vertrauen, soweit für ihn als Sachkundigen keine Veranlassung besteht, an der Richtigkeit der Verkäuferangaben zu zweifeln.

Ist der Auftraggeber Konsument, sind ihm vom Makler folgende Punkte schriftlich bekanntzugeben:

- sein Einschreiten und seine Tätigkeit als Makler;
- die Höhe der Vermittlungsprovision;
- die voraussichtlich anfallenden Nebenkosten;
- der Hinweis, dass der Makler auch für den Abgeber und somit als Doppelmakler tätig sein kann;
- ein allfälliges wirtschaftliches oder familiäres Naheverhältnis

Kein Anspruch

Die Geschäftsführerin der Makler GesmbH ist die Schwester des Verkäufers. Ohne Hinweis auf dieses familiäre Naheverhältnis darf die Makler GesmbH keine Vermittlungsprovision verlangen.

zum Abgeber – wird der Hinweis auf das bestehende Naheverhältnis unterlassen, steht gar keine Provision zu.

- sämtliche Umstände, die für die Beurteilung des zu vermittelnden Geschäftes maßgeblich sind;
- eine Belehrung über das Rücktrittsrecht bei Immobiliengeschäften.

Gewerbsmäßige Immobilienvermittlung darf übrigens nur von jenen Personen ausgeübt werden, die dafür eine Gewerbeberechtigung besitzen. Möchten Sie auf Nummer sicher gehen, können Sie bei der Gewerbebehörde oder der Innung der Immobilien- und Vermögenstreuhänder nachfragen. Die Auskunft ist kostenlos.

Konsequenzen bei Pflichtverletzungen: geringere Provision bzw. gänzlicher Wegfall

Unabhängig davon, ob ein konkreter Schaden eingetreten ist, können wesentliche Pflichtverletzungen des Maklers zu einer Mäßigung der Provision führen. Wird der Hinweis auf ein bestehendes wirtschaftliches oder familiäres Naheverhältnis unterlassen, steht dem Makler überhaupt keine Provision zu.

Provisionsanspruch

Die Maklerprovision ist eine Erfolgsprovision, die grundsätzlich nur zu bezahlen ist, wenn der vermittelte Kauf oder zumindest ein zweckgleiches Geschäft zustande kommt. Zweckgleich ist ein Geschäft z.B., wenn statt dem ursprünglich angebotenen Reihenhaus Nr. 4 das Reihenhaus Nr. 6 in derselben Anlage gekauft wird.

Wurde kein Vermittlungsauftrag erteilt, ist auch keine Provision zu bezahlen. Vorsicht: Gerichte nehmen mitunter sehr rasch eine schlüssige Auftragserteilung an. Vermitteln bedeutet nicht, dass der Makler auch die Verhandlungen führen muss. Im Immobilienbereich reicht es für den

Austricksen verboten

Frau Zauderer ist schon seit längerem auf der Suche nach einem Reihenhaus. Ein Makler bietet Besichtigungstermine an einem Objekt an, das Frau Zauderer von außen her bereits kennt. Gleichzeitig mit anderen Interessenten nimmt sie an einem Besichtigungstermin teil. Sie unterschreibt nichts und macht auch keine mündlichen Zusagen. Frau Zauderer tritt in der Folge direkt mit dem Verkäufer in Verhandlungen und schließt bald einen Kaufvertrag über das Reihenhaus ab. Der Makler sieht sich um seine Provision geprellt und bringt eine Klage ein. Das Gericht nimmt nicht nur einen schlüssigen Vermittlungsauftrag an, es sieht die Tätigkeit des Maklers (Innenbesichtigung) auch als ausreichend an, um einen Provisionsanspruch entstehen zu lassen.

Klartext reden

Offeriert Ihnen der Makler ein Objekt, das Sie bereits kennen, sollten Sie ihm das unverzüglich (am besten schriftlich) mitteilen. Sprechen Sie klar aus, dass Sie für dieses Objekt keinen Vermittlungsauftrag erteilen.

Provisionsanspruch zumeist aus, wenn der Makler die Adresse des Kaufobjekts bzw. den Namen des Verkäufers bekanntgegeben hat.

Auch wenn die Geschäftsgelegenheit schon vor dem Einschreiten des Maklers bekannt war, kann unter Umständen eine Provisionspflicht entstehen. Nämlich dann, wenn der Makler maßgeblich zum Abschluss des Geschäftes beiträgt; etwa weil der Abgeber direkte Verhandlungen mit dem Interessenten verweigert und eben „nur über den Makler" abschließen möchte.

**Vorsicht:
Ein Provisionsanspruch kann nicht nur aus einem förmlichen Vermittlungsauftrag entstehen**

Keine Provision fürs eigene Häuschen

Herr Raff ist Geschäftsführer der Makler GesmbH und hält auch fünfzig Prozent der Gesellschaftsanteile. Wird durch die Makler GesmbH ein Einfamilienhaus vermittelt, an dem Herr Raff Hälfteeigentümer ist, steht keine Provision zu.

Provision steht dem Makler nur bei Vermittlung fremder Geschäfte zu. Verkauft ein Makler sein eigenes Haus, darf er dafür keine Provision verlangen. Dasselbe gilt, wenn das Geschäft wirtschaftlich einem Abschluss durch den Makler selbst gleichkommt.

Über ein Naheverhältnis zum Abgeber muss der Makler aufklären

Ist die wirtschaftliche Verknüpfung zwischen Abgeber- und Maklergesellschaft weniger krass, darf Provision verlangt werden, wenn über das Naheverhältnis entsprechend aufgeklärt wird.

Ohne Vermittlungserfolg haben Makler nur in ganz wenigen Ausnahmefällen Anspruch auf Provision. Solche besonderen Provisionsfolgen müssen schriftlich vereinbart sein und sind nur in den Fällen des § 15 Maklergesetz zulässig:

- Mit dem Abgeber kommt ein anderes als ein zweckgleiches Geschäft zustande. (Anstelle des vermittelten Hauses am Stadtrand kauft der Interessent eine Eigentumswohnung desselben Abgebers in der Innenstadt.)
- Eine andere Person als der Auftraggeber schließt ab, weil die Informationen vom Auftraggeber weitergegeben wurden. (Ein Interessent beauftragt einen Makler; statt ihm kauft aber ein Verwandter, dem er von der Abschlussmöglichkeit erzählt hat.)
- Das vermittelte Geschäft kommt nicht zustande, weil ein Vorkaufs- oder Wiederkaufsrecht ausgeübt wird. Hier darf allerdings nur der Abgeber zur Kasse gebeten werden.
- Das Geschäft kommt nur deswegen nicht zustande, weil wider Treu und Glauben ein erforderlicher Rechtsakt vom Auftraggeber ohne beachtlichen Grund unterlassen wird.

Klauseln, wonach der Interessent bei treuwidrigem Verhalten auch die Provision des Abgebers bezahlen soll, sind nicht zulässig.

Ist dem Makler durch das treuwidrige Verhalten nur ein sehr geringer Schaden entstanden (er hat z.B. sofort einen anderen Käufer gefunden), kann der besondere Provisionsanspruch des Maklers vom Gericht herabgesetzt werden. Vereinbarungen nach § 15 Maklergesetz unterliegen als Vertragsstrafe nämlich einem richterlichen Mäßigungsrecht.

Nachträglicher Wegfall des Provisionsanspruchs

Ein bereits entstandener Provisionsanspruch kann rückwirkend wieder verloren gehen, und zwar dann, wenn der Kaufvertrag wegen gewisser Mängel nachträglich aufgelöst wird. Das Vorhandensein eines Anfechtungsgrundes allein reicht dafür noch nicht aus. Solange der Kaufvertrag nicht beseitigt wird, bleibt auch der Provisionsanspruch bestehen. Unter Umständen ist aber eine Mäßigung der Provision wegen Pflichtverstößen des Maklers möglich.

Bei Auflösung des Kaufvertrags geht auch der Provisionsanspruch verloren

Mehrere Makler haben vermittelt

Auch wenn das gekaufte Haus von verschiedenen Maklern vermittelt wurde, ist die Provision nur einmal zu bezahlen. Die Provision steht dann jenem Makler zu, der eindeutig am meisten für den Auftraggeber getan hat. Haben die Makler gleich viel (oder gleich wenig) für den Käufer getan, ist die Provision unter den Maklern aufzuteilen. Als Käufer muss man sich mit dieser Frage aber nicht zu lange aufhalten. Glaubt einer der Makler, ihm stünde mehr Provision zu, als er bekommen hat, muss er sich das mit seinen Kollegen ausmachen. Soweit der Auftraggeber nicht einen

Nur einmal zahlen

Durch ein Inserat von Makler Absahn hat Herr Winter von einer zum Verkauf stehenden Schihütte erfahren. Es kommt zu einem Besichtigungstermin und einer ersten Begegnung mit dem Abgeber. Von einer Einigung ist man zu diesem Zeitpunkt noch weit entfernt. In der Folge schaltet sich Makler Emsig in die Verhandlungen ein. Herr Emsig ermöglicht Herrn Winter weitere Besichtigungen, nimmt Behördenwege auf sich, um Informationen zu beschaffen, und bringt den Abgeber von der unrealistisch hohen Kaufpreisforderung ab. Der Kauf kommt zustande. Herr Winter ist der Ansicht, dass Makler Emsig eindeutig mehr für ihn getan hat als Makler Absahn und bezahlt den gesamten Provisionsbetrag an Makler Emsig. Wenn Makler Absahn nun der Ansicht ist, ihm stünde die Hälfte des Betrages zu, muss er sich das mit seinem Kollegen ausmachen. Herr Winter ist seiner Provisionspflicht mit schuldbefreiender Wirkung nachgekommen.

der Makler bewusst benachteiligt, hat er sich mit der Zahlung von seiner Provisionspflicht befreit.

Provisionshöhe

Die Obergrenze für die Vermittlungsprovision beträgt bei einem Kaufpreis

Versucht Ihr Makler, die Obergrenze als „nicht unterschreitbar" auszugeben?

- unter 36.336,43 Euro: 4 Prozent vom Kaufpreis,
- zwischen 36.336,43 Euro und 48.448,49 Euro: Obergrenze 1453,46 Euro,
- über 48.448,49 Euro: 3 Prozent vom Kaufpreis,

und gilt für Verkäufer ebenso wie für Käufer. Dazu kommt jeweils noch die Umsatzsteuer von 20 Prozent der vereinbarten Provision. Mitgekaufte Einrichtungsgegenstände sind in die Berechnung über die Provisionshöhe einzubeziehen, ebenso Belastungen, die der Käufer vereinbarungsgemäß übernimmt.

Unbedingt verhandeln!

Die genannten Prozentsätze bzw. Beträge stellen Obergrenzen dar. Verhandeln Sie mit Ihrem Makler über die Provisionshöhe. Je höher der Kaufpreis, desto eher wird man Ihnen entgegenkommen.

Rücktrittsrechte

Wenn der Makler seine Sorgfaltspflichten verletzt und wichtige Umstände verschweigt (z.B. eine fehlende Baugenehmigung für das Haus), kann das zu einem Rücktritt ohne Provisionsfolgen berechtigen. Dasselbe gilt, wenn zugesagte wichtige Eigenschaften des Objektes oder wesentliche Vertragsbestimmungen im Kaufvertrag fehlen oder anders formuliert sind.

Sobald der Verkäufer Ihr Anbot angenommen hat, scheidet ein Rücktritt aus privaten Gründen im Regelfall aus. Das heißt, Sie werden zumindest die Provision zahlen müssen. Nach der Judikatur kann im Einzelfall ein privater Grund nur dann zum „Rücktritt" berechtigen, wenn das Anbot vom Verkäufer noch nicht angenommen worden ist. Solche beachtlichen Gründe aus der Privatsphäre des Kaufinteressenten können eine unvorhergesehene schwere Erkrankung, die Scheidung, der Verlust des Arbeitsplatzes oder das Nichtzustandekommen einer geplanten Finanzierung sein. In all diesen Fällen ist jedoch der Makler sofort von den neuen Umständen zu verständigen.

Aber Vorsicht: Wenn Sie die Finanzierung noch nicht abschließend geklärt haben, nehmen Sie besser einen diesbezüglichen Vorbehalt in das Kaufanbot auf.

Im Konsumentenschutzgesetz (KSchG) sind darüber hinaus zwei Fälle eines berechtigten Rücktrittes in Zusammenhang mit dem Wohnungs- oder Hauskauf gesondert geregelt.

Rücktrittsrecht gemäß § 30a KSchG

Dieses Rücktrittsrecht betrifft nicht nur Verträge, die über Vermittlung eines Immobilienmaklers abgeschlossen werden, sondern alle Kauf- und Mietverträge über Wohnungen mit Bauträgern, gemeinnützigen Bauvereinigungen, privaten Hauseigentümern und Privatpersonen, z.B. Eigentümern eines Einfamilienhauses. Wesentlich für das Rücktrittsrecht ist nur, dass der Wohnungsinteressent selbst Verbraucher ist und die Wohnung zur Deckung des dringenden Wohnbedürfnisses dienen soll. Für Ferienwohnungen gilt dieses Rücktrittsrecht daher nicht.

Dieses Rücktrittsrecht schützt Käufer vor Überrumpelungen

Vom Rücktrittsrecht können Sie als Käufer dann Gebrauch machen, wenn Sie eine Vertragserklärung, z.B. ein Kaufanbot, am selben Tag abgegeben haben, an dem Sie das Haus zum ersten Mal besichtigt haben. Damit werden Sie vom Gesetzgeber vor übereilten Entscheidungen bei der Wohnraumbeschaffung geschützt. Den Rücktritt können Sie binnen einer Woche nach Abgabe der Vertragserklärung (es gilt das Datum des Poststempels) schriftlich (mit eingeschriebenem Brief) erklären. Wurde Ihnen keine Zweitschrift Ihres Anbotes und keine schriftliche Rücktrittsbelehrung übergeben, beginnt die einwöchige Frist erst mit Erhalt dieser Unterlagen zu laufen. Die Möglichkeit zum Rücktritt gemäß § 30a KSchG erlischt ohne Unterlagen jedenfalls spätestens einen Monat nach dem Tag der Erstbesichtigung.

Die Rücktrittserklärung müssen Sie an den Vertragspartner richten, mit dem Sie verhandelt haben bzw. der das Anbot übernommen hat, und sie muss nicht weiter begründet werden. Wenn auch ein Maklervertrag abgeschlossen wurde, gilt die Rücktrittserklärung auch für den Maklervertrag. Ist Ihnen der Verkäufer noch gar nicht bekannt, können Sie den Rücktritt auch gegenüber dem Makler erklären. Es entsteht keine Provisionspflicht.

Voraussetzungen für den Rücktritt gemäß § 30a KSchG

Achtung: Diese Möglichkeit des Rücktritts besteht nur dann, wenn es sich nicht um eine Ferienwohnung/ein Ferienhaus handelt und das Kaufanbot am Tag der Erstbesichtigung der Wohnung abgegeben wurde. Wird es von Ihnen erst am nächsten Tag abgegeben, so steht diese Rücktrittsmöglichkeit nicht mehr offen!

Ferienhaus ausgenommen

Herr Sommer aus Wien will seinen Lebenstraum vom Ferienhaus im Grünen verwirklichen. Er nützt einen Kurzaufenthalt in Osttirol, um sich mithilfe eines Maklers nach geeigneten Objekten umzusehen. Im Defereggental wird er fündig. Ein altes Bauernhaus gefällt ihm so sehr, dass er gleich bei der ersten Besichtigung ein Kaufanbot unterschreibt. Kaum ist er nach Wien zurückgekehrt, trifft auch schon die Annahmeerklärung des Verkäufers ein. Erst jetzt beginnt er zu rechnen. Das Bauernhaus kommt ihm nun nicht mehr so günstig vor. Auch die Gattin ist von seinem Alleingang alles andere als begeistert. Die Sommers möchten sich nun doch lieber in die Warteliste eines Kleingartenvereins eintragen lassen und vom Kaufanbot Abstand nehmen.

Herr Sommer hat sich zwar am Tag der Erstbesichtigung zum Kauf verpflichtet, ein Rücktritt nach § 30a KSchG scheidet aber aus, weil sich das Anbot auf ein Ferienhaus bezieht.

Rücktrittsrecht gemäß § 3a KSchG

Dieses Rücktrittsrecht besteht nur bei einem Vertragsverhältnis zwischen einem privaten Hausinteressenten und einem Unternehmer. Bei Verträgen zwischen privatem Käufer und privatem Verkäufer besteht es nicht.

Voraussetzungen für den Rücktritt gemäß § 3a KSchG

Hat Ihnen der Unternehmer (Verkäufer) oder ein von diesem beauftragter Makler im Zuge der Vertragsverhandlungen wichtige Umstände in Aussicht gestellt, die dann gar nicht oder in erheblich geringerem Ausmaß eintreten, berechtigt dies zu einem kostenlosen Rücktritt. Maßgebliche Umstände sind:

- die Aussicht auf die Gewährung einer Wohnbauförderung;
- das Zustandekommen einer Kreditfinanzierung;
- die Aussicht auf steuerrechtliche Vorteile;
- die notwendige Zustimmung eines Dritten, z.B. die Zustimmung des Landes bei einem Veräußerungsverbot.

Die Rücktrittsfrist beträgt eine Woche und beginnt zu laufen, sobald Sie als Verbraucher erkennen können, dass die erwarteten Umstände nicht eingetreten sind, und Ihnen eine schriftliche Rücktrittsbelehrung ausgehändigt worden ist. Die Rücktritterklärung ist schriftlich (mit eingeschriebenem Brief) spätestens am letzten Tag der Frist (Datum des Poststempels) an den Verkäufer und den Makler zu richten. Das Rücktrittsrecht erlischt spätestens einen Monat nach vollständiger Erfüllung des Vertrages.

Schriftlich vorsorgen

Um Schwierigkeiten zu vermeiden, halten Sie am besten schriftlich alle wichtigen Umstände fest. Noch besser ist es, den Vertrag nur mit Vorbehalt zu schließen. Beispiel: „Vertrag gilt nur, wenn ich die Förderung erhalte." Es liegt damit ein bedingt geschlossener Vertrag vor, der erst wirksam wird, wenn die Bedingung eintritt. Tritt sie nicht ein, ist der Vertrag nicht zustande gekommen.

Zusammenfassung

- **Der Makler als Vermittler.** Ein Makler ist die Drehscheibe zwischen Käufer und Verkäufer. Je präziser Ihre Vorstellungen sind, umso besser kann er für Sie arbeiten.
- **Anbot ist bindend.** Seien Sie vorsichtig bei Anboten, unterschreiben Sie nie vorschnell. Glauben Sie kein Wort, wenn Ihnen jemand weismachen will, dass Sie vom Vertrag problemlos zurücktreten könnten.
- **Provision.** Nur wenn der Makler erfolgreich vermittelt hat, Sie das angebotene Haus tatsächlich kaufen, wird die Provision fällig.
- **Prozente.** Die Höhe der Maklerprovision hängt vom Kaufpreis ab. Verhandeln schadet trotzdem nicht. Besonders bei teuren Objekten stehen die Chancen gut, dass man Ihnen entgegenkommt.
- **Rücktritt.** Nur in wenigen Fällen ist ein kostenloser Rücktritt möglich. Bei einem unberechtigten Rücktritt wird trotzdem die Provision fällig, unter Umständen besteht auch der Verkäufer auf die Durchführung des Geschäftes.

Kosten und Finanzierung

- Kaufpreis
- Nebenkosten
- Finanzierung

Kaufpreis

Die Kosten für den Erwerb eines Einfamilienhauses sind sicher die größte Ausgabe, die Sie im Lauf Ihres Lebens tätigen werden. Ein Gesamterfordernis von rund 170.000 Euro für ein Grundstück mit einem durchschnittlichen Einfamilienhaus ist schnell beisammen. Große Abweichungen, insbesondere nach oben, sind natürlich möglich und besonders von der Lage des Grundstückes und der Ausstattung des Hauses abhängig.

Oft kommen zum Kaufpreis noch Sanierungskosten dazu

Bei Ihren Überlegungen sollten Sie auch darauf achten, dass sich die Gesamtkosten in den seltensten Fällen nur aus dem Kaufpreis und den Nebenkosten zusammensetzen. Je älter ein Haus ist, desto wahrscheinlicher sind notwendige Renovierungs- oder Sanierungsarbeiten, die weitere finanzielle Belastungen mit sich bringen.

Der Grund für viele Zwangsversteigerungen liegt darin, dass sich die Eigentümer bereits beim Hauskauf finanziell „übernommen" haben. Konnte der Ankauf gerade noch mit Krediten finanziert werden, stellte sich sehr bald heraus, dass Renovierungsarbeiten am Haus dringend notwendig waren, für die aber kein Geld mehr zur Verfügung stand. Das bedeutete in vielen Fällen, weitere Kredite aufzunehmen, deren Rückzahlung dann nicht mehr finanziert werden konnte. Am Ende dieser Entwicklung steht eine enorm hohe Verschuldung, bei einer Versteigerung des eigenen Hauses noch dazu der Verlust der Wohnmöglichkeit. Damit Ihnen das nicht passiert, beachten Sie immer auch die Kosten für Sanierungs- und Umbauarbeiten, planen Sie einen Polster für Unvorhergesehenes ein.

Die Einrichtung Ihres neuen Hauses kann zu Beginn durchaus „spartanisch" sein, hier können Sie aber im Laufe der Zeit – je nach Finanz-

Das kostet ein Einfamilienhaus

- Kaufpreis für Liegenschaft und Haus
- Nebenkosten, die bei Kauf und Finanzierung anfallen
- Kosten für Renovierungs-, Sanierungs- oder Umbauarbeiten
- Kosten für die Einrichtung

lage – einfach ergänzen. Anders sieht das hingegen bei notwendigen Sanierungsarbeiten aus.

Je besser Sie den technischen Zustand Ihres Wunschhauses kennen, desto realistischer können Sie auch die Kosten für Renovierung oder Umbauten abschätzen. Am besten ist es daher, wenn Sie ein Haus noch vor einer definitiven Kaufentscheidung mit Fachleuten besichtigen. Neben dem rascheren Erkennen von Schwachstellen kann Ihnen eine Kostenschätzung zumindest einen groben Überblick verschaffen.

Besichtigung mit Fachleuten meist sehr zu empfehlen

Vernünftige Planung spart Geld

Haben Sie festgestellt, dass die elektrische Anlage Ihres neuen Hauses über keine Erdungsleitungen verfügt, bedeutet das, dass alle elektrischen Leitungen erneuert werden müssen (Sicherheitsgefährdung). Zu jedem Schalter und Steckdosenauslass müssen Leitungsschlitze in die Wände gestemmt, neue Leitungen verlegt und danach der Verputz ergänzt werden.
Wollen Sie diese Arbeiten tatsächlich erst selbst durchführen bzw. durchführen lassen, wenn Sie das Haus schon bewohnen? Unbenützbarkeit einzelner Räume, Staub und Lärm im ganzen Haus können sich durchaus über einige Wochen hinziehen. Mit einkalkulieren müssen Sie auch, dass die Arbeiten teurer werden, wenn der Elektriker nicht in einem durcharbeiten kann, sondern immer warten muss, bis Sie wieder ein Zimmer geräumt haben. Auch die Leitungsführung wird bei abschnittsweiser Sanierung oft erschwert, und damit verteuern sich die Arbeiten noch einmal.

Niemals ohne

Bevor Sie die Durchführung von Sanierungs- oder Umbauarbeiten beauftragen, holen Sie immer einen schriftlichen Kostenvoranschlag ein.

Holen Sie schriftliche Kostenvoranschläge ein, bevor Sie einen Auftrag vergeben. Ein verbindlicher Kostenvoranschlag ist dann die Grundlage Ihres Auftrages, und Sie sind vor unerwarteten Kostensteigerungen geschützt.

Nebenkosten

Bei Abklärung der Frage „Wie finanziere ich den Kauf?" müssen Sie neben dem eigentlichen Kaufpreis auch die sogenannten Nebenkosten berücksichtigen. Auch wenn Ihnen der Makler geringere Beträge genannt hat – rechnen Sie mit Nebenkosten von 11 bis 14 Prozent des Kaufpreises!

Honorare

In fast allen Fällen wird ein Rechtsanwalt oder Notar mit der Vertragserrichtung und Abwicklung des Kaufes bis zur Grundbucheintragung beauftragt. Die Höhe des Honorars wird nur für Sie interessant sein, da diese Kosten im Regelfall der Käufer tragen muss.

Nach den Bestimmungen des Rechtsanwaltstarifgesetzes und des Notariatstarifgesetzes dürfen Anwälte und Notare ihre Leistungen im Vertragswesen einzeln abrechnen. Das heißt, für jedes Telefonat, jeden Brief und jede Besprechung darf in der Honorarnote eine Position verrechnet werden. Deren Höhe orientiert sich jeweils am Wert der Kaufsache (Bemessungsgrundlage). Die Kammern der Anwälte und Notare empfehlen jedoch, für Kaufverträge angemessene Pauschalhonorare zu vereinbaren. In der Praxis haben sich die pauschalierten Honorare durchgesetzt; sie kommen für die Mandanten im Regelfall günstiger.

Kaufverträge: Pauschalhonorar üblich und empfehlenswert

Die Pauschalhonorare betragen ein bis vier Prozent vom Kaufpreis. Je höher der Kaufpreis, desto niedriger der Prozentsatz. Zum Honorar kommen jeweils zwanzig Prozent Umsatzsteuer und die Barauslagen. Zu den Barauslagen werden anfallende Gebühren und Abgaben gezählt.

Mit dem Pauschalhonorar sollten alle Tätigkeiten des Rechtsanwaltes abgegolten sein. Dazu gehören die Vertragserrichtung, allfällige Vertragsverhandlungen mit dem Verkäufer und Anpassungen des Vertragsentwurfes, die Treuhandschaft, die Entrichtung der Abgaben (Grunderwerbsteuer und Eintragungsgebühr), die Einholung der Zustimmung der Grundverkehrskommission Ihres Bundeslandes, die grundbücherliche Durchführung des Kaufvertrages und die Eintragung des Pfandrechtes für ein (Bank-)Darlehen des Käufers.

Lieber pauschal

Können Sie den Vertragserrichter aussuchen, kontaktieren Sie mehrere Anwälte und Notare, und vergleichen Sie deren Angebote (Honorar und Leistungsumfang). Vereinbaren Sie ein Pauschalhonorar. Das kommt im Regelfall günstiger als die Einzelverrechnung.

Achten Sie darauf, dass in der Honorarvereinbarung auch alle Leistungen, die der Vertragserrichter für Sie erbringen soll, enthalten sind. Dazu gehören:

- die Vertragserrichtung, allenfalls notwendige Vertragsverhandlungen und Anpassungen des Vertragsentwurfes;
- die Treuhandschaft für die Auszahlung des Kaufpreises;
- die Entrichtung der Abgaben (Grunderwerbsteuer und Eintragungsgebühr);
- die Einholung der Zustimmung der Grundverkehrskommission, wenn das in Ihrem Bundesland notwendig ist;
- die grundbücherliche Durchführung des Kaufvertrages samt einer vereinbarten Lastenfreistellung und Eintragung des Pfandrechtes für ein Darlehen, das Sie aufgenommen haben.

Vereinbaren Sie auch, wann Sie das Honorar bezahlen müssen. Am besten erst nach Verbücherung Ihres Eigentumsrechtes.

Beglaubigung von Unterschriften bei jedem Gericht oder Notar

Für die grundbücherliche Durchführung des Kaufvertrages, aber auch einer Pfandbestellungsurkunde beim Darlehen ist es notwendig, dass die Unterschriften beglaubigt sind. Die Beglaubigung kann bei jedem Gericht und jedem Notar vorgenommen werden. Die Kosten dafür richten sich wieder nach der Bemessungsgrundlage (Kaufpreis bzw. Höhe des Pfandrechtes).

Grunderwerbsteuer

Beim Erwerb einer Liegenschaft ist die Grunderwerbsteuer zu bezahlen. Diese beträgt 3,5 Prozent des vereinbarten Kaufpreises. Bei Kaufverträgen

Selbst zahlen

Fragen Sie Ihren Anwalt oder Notar, ob er die Grunderwerbsteuer und die Eintragungsgebühr im Selbstberechnungsverfahren bezahlt. Damit kann Ihr Eigentumsrecht rascher im Grundbuch eingetragen werden.

zwischen Ehegatten, Eltern und Kindern bzw. Enkelkindern beträgt sie nur zwei Prozent.

Für Möbel ist keine Steuer zu bezahlen

Die Grunderwerbsteuer ist nur vom Kaufpreis für die Liegenschaft und das Gebäude zu entrichten. Sind auch Möbel oder andere Einrichtungen Gegenstand des Kaufvertrages, ist davon keine Steuer zu bezahlen. Für diesen Fall nehmen Sie in den Kaufvertrag eine Inventarliste mit einer Bewertung der Möbel etc. auf. Damit kann der Kaufpreis für Liegenschaft und Gebäude als Bemessungsgrundlage der Steuer herausgerechnet werden. Bleiben Sie aber realistisch bei der Bewertung, das Finanzamt kann die Angaben überprüfen.

Die Grunderwerbsteuer wird vom Finanzamt vorgeschrieben oder vom Vertragserrichter, Rechtsanwalt oder Notar, im Selbstbemessungsverfahren direkt an das Finanzamt abgeführt. Im ersten Fall muss der Kaufvertrag innerhalb eines Monats nach Unterzeichnung mit einer Abgabenerklärung dem Finanzamt vorgelegt werden. Das Finanzamt setzt daraufhin die Höhe der Grunderwerbsteuer fest. Sobald Sie den vorgeschriebenen Betrag bezahlt haben, stellt das Finanzamt die Unbedenklichkeitsbescheinigung aus. Erst nach Vorliegen dieser Bescheinigung kann Ihr Eigentumsrecht verbüchert werden. Da bei dieser Vorgangsweise mehrere Monate vergehen können, sollten Sie darauf achten, dass Ihr Eigentumsrecht zunächst im Grundbuch vorgemerkt wird (► Seite 33, 113).

Einfacher und rascher geht es, wenn der Vertragserrichter die Grunderwerbsteuer (und die Eintragungsgebühr für das Grundbuch) im Wege der Selbstbemessung ermittelt. In diesem Fall bezahlen Sie die Grunderwerbsteuer (und die Eintragungsgebühr für das Grundbuch) direkt an den Anwalt oder Notar. Er leitet sie an das Finanzamt weiter. Hier kann Ihr Eigentumsrecht sofort verbüchert werden. Der Vermerk des Vertragserrichters ersetzt die Unbedenklichkeitsbescheinigung des Finanzamts.

Eintragungsgebühren

Mit der Verbücherung Ihres Kaufvertrages wird abermals eine Gebühr fällig: die Eintragungs- oder Einverleibungsgebühr für das Grundbuch. Sie beträgt 1,1 Prozent des Kaufpreises. Diese Gebühr wird entweder im Weg der Selbstbemessung vom Vertragserrichter ermittelt, oder Sie bekommen nach der Eintragung Ihres Eigentumsrechtes vom Bezirksgericht eine Zahlungsvorschreibung.

Müssen oder wollen Sie als Käufer den Kaufpreis (zum Teil) mit einem Darlehen finanzieren und als Sicherstellung ein Pfandrecht im Grundbuch eintragen lassen, wird auch hier eine Eintragungsgebühr fällig. Diese beträgt 1,2 Prozent vom Darlehensbetrag einschließlich der Nebengebührensicherstellung. Die Nebengebührensicherstellung beträgt zwischen 25 und 30 Prozent des Darlehensbetrages.

Wird mit Kredit gekauft, fällt eine zusätzliche Gebühr an

Gebühren, Gebühren ...

Nehmen Sie ein Darlehen über 70.000 Euro auf, wird einschließlich der 30-prozentigen Nebengebührensicherstellung ein Pfandrecht über 91.000 Euro im Grundbuch eingetragen. Die Eintragungsgebühr beträgt dann 1.092 Euro (1,2 % von 91.000).

Maklerprovision

Im Abschnitt „Makler" haben wir beschrieben, worauf Sie im Umgang mit Immobilienmaklern besonders achten müssen. Ebenso sind dort die gestaffelten Höchstbeträge für Vermittlungsprovisionen angeführt (► Seite 56). Da es sich um Höchstbeträge handelt, können Sie ein geringeres Honorar vereinbaren. Allerdings müssen Sie dies bereits beim ersten Gespräch mit dem Makler vereinbaren. Ebenso, wann die Provision zu bezahlen ist. Wir empfehlen die Vereinbarung, dass die Provision erst mit der Unterzeichnung des Kaufvertrages durch Käufer und Verkäufer zu bezahlen ist.

Alle Kosten auf einen Blick

Unser Rechenbeispiel zeigt Ihnen, welche Kosten bei einem Immobilienkauf tatsächlich anfallen.

- Kaufpreis der Liegenschaft .... 150.000 €
- Grunderwerbsteuer, meist 3,5% vom Kaufpreis .... 5.250 €
- Grundbucheintragungsgebühr, 1,1% vom Kaufpreis .... 1.650 €
- Kosten der Kaufvertragserrichtung (Annahme) .... 4.500 €
- Vermittlungsprovision bei Einschaltung eines Maklers Obergrenze 3% zuzüglich 20% Umsatzsteuer .... 5.400 €
- verschiedene Gebühren für Beglaubigungen, Grundverkehrskommission etc. (Annahme) .... 500 €

Gesamtkosten 167.300 €

Bei teilweiser Fremdfinanzierung müssen Sie auch noch die Nebenkosten eines Darlehens berücksichtigen.

Finanzierung

Die Gesamtkosten für den Kauf eines Einfamilienhauses inklusive Sanierungsarbeiten können von den wenigsten Interessenten ausschließlich aus Eigenmitteln aufgebracht werden. Die Mittelaufbringung ist daher ein wichtiger Punkt.

Wie hoch ist der Bedarf?

Am Anfang steht eine realistische Einschätzung und Ermittlung der Gesamtkosten:

- Kaufpreis samt Nebenkosten
- Kosten für Renovierung, Sanierung, Umbau
- Kosten für die Einrichtung des Hauses

Nächste Frage: Welche Finanzierungsquellen stehen zur Verfügung?

Welche Finanzierungsquellen bieten sich an?

- Eigenmittel (empfehlenswert: nicht weniger als 30 Prozent)
- Darlehen von Verwandten oder vom Arbeitgeber (günstigerer Zinssatz als bei Bankdarlehen)
- Wohnbauförderungsmittel des Landes
- Bausparfinanzierung, Bank- oder Versicherungsdarlehen

Wie hoch ist die Rückzahlungskapazität?

Um nicht in die Schuldenfalle zu tappen, rechnen Sie ehrlich: Wie hoch ist das verfügbare Haushaltsbudget für die Darlehensrückzahlung? Welche Rückzahlungsrate kann ich mir leisten? (Siehe dazu auch ► Seite 28.) Als Faustregel hat sich bewährt: Die Rückzahlungsraten für ein Darlehen sollten keinesfalls ein Drittel des Haushaltseinkommens übersteigen!

Geld von der Bank

Ein variabler Zinssatz ist oft eine Zinsenfalle

Die Verzinsung von Darlehen ist derzeit günstig wie schon lange nicht mehr. Grundbücherlich abgesicherte Darlehen werden bereits zu einem jährlichen Zinssatz von rund 3,5 Prozent angeboten. Aber auch wenn ein Offert noch so verlockend ist – beachten Sie, dass dies im Regelfall kein fixer, sondern ein variabler Zinssatz ist. Das heißt: Bei einem Anstieg des allgemeinen Zinsniveaus steigen auch die Zinsen bestehender Darlehensverträge!

Fixzinsvereinbarungen werden von allen Banken angeboten, allerdings mit unterschiedlich langen Fixzinsperioden, häufig zwischen drei und zehn Jahren. Nach Ablauf der Fixzinsperiode kommt ein variabler Zinssatz zur Anwendung. Zur Berechnung des variablen Zinssatzes wird meistens die Sekundärmarktrendite und der EURIBOR (Zinssatz im Interbankengeschäft) herangezogen. Genaueres dazu finden Sie im Entwurf zu Ihrem Darlehensvertrag.

Unterschiedlich lange Fixzinsperioden und divergierende Zinsanpassungsklauseln machen es schwierig, Darlehensangebote verschiedener Kreditinstitute zu vergleichen. Achten Sie bei einem Vergleich mehrerer Angebote daher zumindest auf die Dauer der Fixzinsperioden und die dem Anbot zugrundeliegenden Zinssatzhöhen für die Zukunft.

Sorgfältig prüfen

Prüfen Sie den Darlehensvertrag genau. Nach welchen Kriterien kann der (künftige) Zinssatz angepasst werden, und zu welchen Terminen ist eine Anpassung möglich?

Vergleichen Sie, rechnen Sie nach! Es gibt enorme Unterschiede!

Darlehen von Bausparkassen haben den Vorteil, dass es für die Darlehensverzinsung eine Obergrenze von sechs Prozent gibt. Für ein Bausparkassendarlehen brauchen Sie aber einen zuteilungsreifen Bausparvertrag. Das heißt, Sie müssen bereits über einen längeren Zeitraum einen bestimmten Betrag angespart haben. Bei Fehlen eines Bausparvertrages helfen die Bausparkassen mit Zwischenfinanzierungen aus. Vergleichen Sie auch hier die Bedingungen der verschiedenen Bausparkassen.

Effektiv statt nominal

Bei unserer Ratenübersicht sind wir, um Ihnen eine erste Orientierung zu geben, vom nominalen Zinssatz ausgegangen. Wenn Sie tatsächlich ein Darlehen aufnehmen, bedenken Sie, dass auch hier Zusatzkosten anfallen. Die treiben den tatsächlichen – effektiven – Zinssatz ordentlich in die Höhe. Bei einem Darlehen über 70.000 Euro fallen folgende Kosten und Gebühren an:

- 1,5% Bearbeitungsgebühr (Bankspesen) .... 1.050 €
- 1,2% Grundbucheintragungsgebühr (berechnet von 130% der Darlehenssumme) .... 1.092 €
- Unterschriftsbeglaubigungen (Annahme) .... 200 €

Damit werden nur 67.658 Euro ausbezahlt, über die Sie tatsächlich verfügen können. Kalkulieren Sie auch diese Kosten mit ein, wird aus einem nominalen Jahreszinssatz von 5% ein effektiver von 5,5% (bei 20 Jahren Laufzeit), und nur auf diesen kommt es an! Um hier böse Überraschungen zu vermeiden, holen Sie von mehreren Banken Kreditkostenvoranschläge bzw. Kreditmusterverträge ein. Dort müssen alle anfallenden Kosten aufgelistet sein.

Oft machen die Banken die Darlehensgewährung vom gleichzeitigen Abschluss einer Lebens- oder Kreditrestschuldversicherung abhängig. Bevor Sie sich auf einen solchen Vertrag einlassen, prüfen Sie genau, ob die angebotene Versicherung für Sie tatsächlich Sinn macht. Nehmen Sie und Ihr Partner gemeinsam ein Darlehen auf, bietet eine Versicherung nur dann die notwendige Sicherheit, wenn auch bei Ableben nur eines Partners bereits eine Versicherungsleistung erfolgt.

So viel kostet ein Kredit

Laufzeit	Verzinsung 5%	Verzinsung 6%	Verzinsung 7%
10 Jahre	742,46 €	777,14 €	812,76 €
15 Jahre	553,56 €	590,70 €	629,18 €
20 Jahre	461,97 €	501,50 €	542,71 €

Durchschnittliche monatliche Rückzahlungsraten, Bankdarlehen 70.000 Euro

Vorsicht: Fremdwährungskredite

Fremdwährungskredite in Schweizer Franken und japanischen Yen werden zu einem noch günstigeren Zinssatz angeboten und scheinen daher auf den ersten Blick konkurrenzlos günstig zu sein.

Beträchtliches Wechselkursrisiko bei Fremdwährungskrediten

Neben einer Verteuerung durch Zinssatzerhöhungen gibt es aber noch ein besonderes Risiko, nämlich Veränderungen des Wechselkurses. Steigt der Yen im Vergleich zum Euro um z.B. zehn Prozent, bedeutet dies auch eine zehnprozentige Steigerung Ihrer Schulden.

Fremdwährungskredite sind höchst spekulativ. Wenn Sie kein Experte auf diesem Gebiet sind – Hände weg von Fremdwährungskrediten!

Geld vom Staat

Geld vom Staat gibt es aus den Mitteln der Wohnbauförderung. Sie ist Sache der Bundesländer, daher gibt es in jedem Bundesland eigene Bestimmungen. Im Rahmen der Wohnbauförderung wird nicht nur die Neuerrichtung von Wohnungen und Häusern gefördert, sondern auch die

Sanierung bestehenden Wohnraums. Zusätzlich wird in manchen Bundesländern auch der Ankauf von älteren (ohne Förderungsmittel errichteten) Einfamilienhäusern gefördert.

Übernahme der Wohnbauförderung

Wissen Sie über alle Förderungsmittel Bescheid?

Die Errichtung von Einfamilienhäusern wird in den meisten Bundesländern mit langfristigen, zinsgünstigen Darlehen gefördert. Auf Förderungsdauer wird im Grundbuch ein Veräußerungsverbot zugunsten des Landes eingetragen. Damit darf der Eigentümer sein Haus nur mit Zustimmung des Landes verkaufen. Eine Zustimmung des Landes zur Veräußerung mit Übernahme der Wohnbauförderung wird im Regelfall erteilt, wenn der Erwerber wiederum eine „begünstigte" Person ist. Die Voraussetzungen sind jedenfalls:

- österreichische Staatsbürgerschaft oder gleichgestellt
- Nichtüberschreitung der Einkommensgrenzen
- Absicht, in diesem Haus den Hauptwohnsitz zu begründen und die bisherige Wohnung aufzugeben.

Die Einkommensgrenzen sind von Bundesland zu Bundesland unterschiedlich. Manche Bundesländer kennen auch noch weitere Bedingungen: So muss z.B. der Kaufpreis angemessen sein, der Käufer muss schon bisher in diesem Bundesland gewohnt oder gearbeitet haben. Interessieren Sie sich für ein Haus mit Übernahme der Wohnbauförderung, so erkundigen Sie sich rechtzeitig über die genauen Bedingungen in diesem Bundesland. Fragen Sie auch, wie lange die Bearbeitung bei der Förderungsstelle ungefähr dauern wird. Der Kaufvertrag kann wegen des Veräußerungsverbotes immer nur vorbehaltlich der Zustimmung des Landes abgeschlossen werden.

Auf Mittel aus der Wohnbauförderung besteht zwar kein Rechtsanspruch. Trotzdem können Sie davon ausgehen, dass Sie bei Erfüllung aller Voraussetzungen die angestrebte Förderung auch bekommen bzw. übernehmen können. Kalkulieren Sie aber die Bearbeitungszeit der Förderungsstelle mit ein, wenn Sie in das Haus als neuer Eigentümer bald einziehen wollen.

Förderungen für Sanierungen und Zubauten

Die Schwerpunkte bei der Förderung von Sanierungsmaßnahmen liegen in allen Bundesländern bei der Errichtung zeitgemäßer Sanitäranlagen (WC und Badezimmer), umweltschonender und Energie sparender Anlagen für Heizung und Warmwasseraufbereitung (Biomasseheizungsanlagen, Solaranlagen, Wärmepumpen) sowie Wärmedämmmaßnahmen (Außenfenster und -türen, Fassaden, Geschoßdecken).

Wohnbauförderung ist Landessache

Die konkreten Förderungsmaßnahmen und -bedingungen sind aber von Bundesland zu Bundesland so unterschiedlich, dass im Rahmen dieses Buches nicht näher darauf eingegangen werden kann (siehe dazu jedoch unseren Serviceteil, ► Seite 135). Werden für eine bestimmte Sanierungsmaßnahme in einem Bundesland Einmalzuschüsse geleistet, gewährt das andere Bundesland für dieselben Arbeiten zinsgünstige Landesdarlehen, und das dritte leistet Annuitätenzuschüsse zur Rückzahlung eines Bankdarlehens.

Da für manche Sanierungsmaßnahmen sehr hohe Förderungen gewährt werden, erkundigen Sie sich am besten rechtzeitig über die speziellen Förderungsmöglichkeiten in Ihrem Bundesland. Bei den Landesregierungen, Bezirkshauptmannschaften und Gemeindeämtern gibt es dazu Informationsbroschüren, zum Teil können sie auch aus dem Internet abgerufen werden.

Das Wissen um mögliche Förderungen erleichtert Ihnen vielleicht auch die Entscheidung für oder gegen ein konkretes Angebot. Werden in Ihrem Bundesland zwar die Erneuerung der Sanitäranlagen und die Errichtung Energie sparender Heizungsanlagen gefördert, nicht aber die Kosten einer Dacherneuerung und einer Trockenlegung, werden Sie die Kaufgelegenheit eines Hauses mit kaputtem Dach wohl ausschlagen. Dafür werden Ihnen fehlende Sanitäranlagen bei einem anderen Angebot weniger (finanzielle) Probleme bereiten.

Für Zubauten und Dachbodenausbauten können ebenfalls Förderungen gewährt werden. Auch hier sind die Regelungen von Bundesland zu Bundesland verschieden. Manche fördern nach den Bestimmungen für den Neubau, manche nach jenen für Sanierungen.

Förderung des Hausankaufs

Keine einheitlichen Regelungen!

Mit Ausnahme von Wien, Vorarlberg und Niederösterreich sehen die Bestimmungen in den anderen Bundesländern auch die Möglichkeit einer Förderung des Ankaufs eines älteren Hauses vor. Auch hier sind die Voraussetzungen ganz unterschiedlich geregelt, zum Teil auf besondere Notlagen beschränkt.

Als Beispiel wird hier die Regelung im Burgenland dargestellt: Für den Ankauf eines Althauses, dessen Baubewilligung mindestens 20 Jahre zurückliegt, kann ein Landesdarlehen gewährt werden. Von der Haushaltsgröße abhängige Einkommensgrenzen dürfen nicht überschritten werden. Die Darlehenshöhe richtet sich nach dem Kaufpreis, der Familiengröße und der Energiekennzahl des Gebäudes. Das Darlehen hat eine Laufzeit von 32,5 Jahren und wird mit 0,5 bis 3,0 Prozent jährlich verzinst.

Förderung im Burgenland

- Kaufpreis .... 174.414 Euro
- Grundstücksfläche .... 950 m²
- ortsüblicher Grundpreis 47 Euro/m² .... 44.650 Euro
- Jahresnettoeinkommen .... 26.524,82 Euro
- gewichtetes Pro-Kopf-Einkommen .... 631,55 Euro

Ehepaar mit drei Kindern unter 16 Jahren; das Haus hat 141 m² Nutzfläche und ist älter als 20 Jahre. Es liegt im Ortskern und erreicht eine Energiekennzahl von unter 70 kWh/m²·a

- Grundbetrag (Höchstbetrag) .... 40.000 Euro
- Kindersteigerungsbetrag .... 33.000 Euro
- Ortskernzuschlag (141 x 50) .... 7.050 Euro
- Sozialpauschale .... 5.500 Euro

insgesamt (Landesdarlehen) 85.550 Euro

Zusammenfassung

- **Keine Nebensache.** Auch Kleinvieh macht Mist: Für Anwaltshonorare, Steuern, Gebühren, Provisionen müssen Sie ebenfalls tief in die Tasche greifen. Insgesamt fallen Nebenkosten von 11 bis 14 Prozent des Kaufpreises an.
- **Tatsächliche Kosten.** Nur in den seltensten Fällen ist mit Kaufpreis und Nebenkosten bereits alles bezahlt. Ein weiterer großer Brocken sind die Renovierungs- oder Sanierungskosten. Je älter das Haus, desto teurer wird es möglicherweise.
- **Auf Pump.** Müssen Sie einen Kredit aufnehmen, dann überschätzen Sie Ihre Möglichkeiten nicht. Mehr als ein Drittel Ihres Haushaltseinkommens dürfen keinesfalls für die Rückzahlungsraten draufgehen.
- **Fast geschenkt.** Informieren Sie sich rechtzeitig, ob Sie Anspruch auf eine Wohnbauförderung haben. Außer in Wien, Vorarlberg und Niederösterreich gibt es zinsgünstige Darlehen von Vater Staat auch für den Ankauf eines älteren Hauses.

Hausbesichtigung und Geschäftsanbahnung

– Informationen einholen
– Zustandsüberprüfung
– Professionelle Beratung
– Checkliste Hauskauf

Informationen einholen

Für Hausbesichtigungen sollten Sie unbedingt genügend Zeit einplanen. Besser fünfmal besichtigen, als nach der ersten oder zweiten Besichtigung schon eine verbindliche Erklärung abgeben. Auf den ersten Blick scheint ein Haus vielleicht genau Ihren Wünschen zu entsprechen.

Haben Sie es sich aber einmal mit einem Fachmann (Baumeister, Installateur etc.) näher angesehen und macht er Sie darauf aufmerksam, dass in etwa die Hälfte des Kaufpreises für notwendige Sanierungs- oder Renovierungsarbeiten zusätzlich aufzuwenden sein wird, werden Sie von einem Kauf vielleicht aus finanziellen Gründen Abstand nehmen (müssen).

Nicht drängen lassen!

Hat es der Verkäufer oder der Makler, mit dem Sie das Haus besichtigen, bei der Besichtigung besonders „eilig", sollte Sie das zumindest vorsichtig machen. Gibt es Details, die Sie nicht sehen sollen, oder andere Nachteile, auf die Sie nicht gleich draufkommen sollen?

Stellen Sie in solchen Fällen klar, dass Sie sich das Haus genau ansehen möchten, dass Sie auch mit dem Verkäufer (bisherigen Bewohner) sprechen wollen und bei technischen Fragen jedenfalls auch einen Fachmann (Baumeister, Installateur etc.) zur Besichtigung beiziehen werden. Der seriöse Verkäufer bzw. Makler wird Ihre Wünsche akzeptieren und einen weiteren Besichtigungstermin anbieten, bei dem dann mehr Zeit zur Verfügung stehen sollte.

Für alle Zusagen und Versprechungen, die bei Besichtigungen gemacht werden, sollten Sie Beweise verlangen oder sie schriftlich festhalten und später in den Vorvertrag, das Anbot bzw. den Kaufvertrag aufnehmen.

Vier Augen sehen mehr

Versuchen Sie nach Möglichkeit, Besichtigungen immer zu zweit oder zu dritt vorzunehmen. Vier Augen sehen mehr als zwei, und für den Fall eines Streites haben Sie einen Zeugen, der alles mitgehört hat. Besichtigen Sie die Umgebung auch an verschiedenen Wochentagen bzw. zu verschiedenen Tageszeiten. Damit gewinnen Sie ein besseres Bild von der Umgebung (Lärm etc.).

Keine vorschnellen Zusagen

Sammeln Sie möglichst viele Informationen über das Haus, damit Sie nicht die „Katze im Sack" kaufen. Dazu gehört auch der technische Zustand – Bausubstanz und Haustechnik. Geben Sie ein Anbot oder eine Kaufzusage erst dann ab, wenn Sie über alle notwendigen Informationen verfügen. Übrigens: Auch mündliche Erklärungen gelten.

Gibt der Verkäufer oder Makler an, dass die Elektroanlage des Hauses in Ordnung sei, fragen Sie nach dem Überprüfungsbefund eines Elektrikers. Dasselbe gilt für die Heizungsanlage, den Kamin, die Wasser- und Gasinstallationen. Wird von Verkäuferseite versprochen, bestimmte Mängel, zum Beispiel ein Abflussgebrechen, noch vor dem Verkauf zu beheben, halten Sie nicht nur den Umfang der Arbeiten, sondern auch den Fertigstellungstermin schriftlich fest.

Verlassen Sie sich gern auf mündliche Zusagen und Beteuerungen?

Bei Hausbesichtigungen sollten Sie auf eine gebäudebezogene Checkliste nicht vergessen. In diese nehmen Sie die tatsächlichen Eigenschaften des angebotenen Hauses und Grundstücks auf: Grundstücksgröße, Gebäudelage, Gebäudealter, Anzahl der Räume, Grundrissgestaltung, Erhaltungszustand und Ausstattung des Hauses etc. Weiters die Kostenbelastung durch die Kaufpreiszahlungen und die zu erwartenden monatlichen Wohnkosten. Bei den laufenden Wohnkosten sind neben Kreditrückzahlungen und öffentlichen Abgaben unbedingt auch die Betriebskosten mit einzukalkulieren: Kosten für Heizung, Strom, Gas, Telefon etc. Eine Checkliste zum Kopieren finden Sie auf ► Seite 98ff.

Hausbesichtigungen besser nur mit Checkliste!

Vergleichen Sie die Liste über das besichtigte Objekt mit Ihren ursprünglichen Vorstellungen. Eine hundertprozentige Übereinstimmung zwischen gewünscht und angeboten werden Sie sehr selten finden. Nach Feststellung der Abweichungen liegt es an Ihnen, die Entscheidung für oder gegen ein bestimmtes Objekt zu treffen.

Kontrolle ist besser

Wann immer Sie beabsichtigen, ein Einfamilienhaus zu kaufen, erheben Sie zunächst im Grundbuch den Eigentümer und die eingetragenen Belastungen. Vergleichen Sie diese mit den Angaben des Anbieters.

Pflichtlektüre Bebauungsplan

Ob Betriebsansiedlungen oder neue Straßen in der näheren Umgebung geplant sind, können Sie beim Gemeindeamt erfragen. Nehmen Sie dort auch Einsicht in den Flächenwidmungs- und Bebauungsplan.

Entspricht ein Haus in vielen Punkten Ihren Erwartungen, hat aber eine zu geringe Wohnfläche, lässt sich dieser „Mangel" oft mit einem Zubau oder Dachbodenausbau beheben. Überlegen Sie daher auch, ob diese Möglichkeit für Sie in Frage kommt. Hausbauen ist nicht jedermanns Sache. Ein Zubau muss jedenfalls auch baurechtlich zulässig sein.

Das Grundbuch ist eine unverzichtbare Informationsquelle

Möchten Sie ein Einfamilienhaus kaufen, müssen Sie unbedingt den Grundbuchstand erheben. Nur so können Sie überprüfen, ob tatsächlich der (Mit-)Eigentümer einer Liegenschaft als Anbieter auftritt (Grundbuch ► Seite 31).

Umgebung

Wie ist die Verkehrsinfrastruktur? Gibt es gute Verbindungen mit öffentlichen Verkehrsmitteln, oder müssen Sie immer Ihr Auto verwenden, um an Ihren Arbeitsplatz zu gelangen? Können die Kinder problemlos Kindergarten oder Schule erreichen? Wo sind die nächsten Geschäfte für den täglichen Bedarf wie Supermarkt, Poststelle, Apotheke etc.? Wie lange brauchen Sie bis dorthin? Wohnen in der unmittelbaren Nachbarschaft Familien mit Kindern oder hauptsächlich ältere Personen? Ist mit Lärm- oder Geruchsbelästigungen durch nahe gelegene landwirtschaftliche oder gewerbliche Betriebe zu rechnen? Liegt das Grundstück an einer (geplanten) verkehrsreichen Straße oder Bahnlinie, befindet es sich in der Einflugschneise eines Flughafens?

Grundstück

Gibt es für das Grundstück eine eigene Einlage am Grundbuch, handelt es sich um ein „klassisches" Einfamilienhaus, das Sie im Alleineigentum oder gemeinsam mit Ihrem Partner erwerben können. Ist es hingegen Teil einer Miteigentümeranlage, so gelten die besonderen Regeln über das Miteigentum bzw. Wohnungseigentum (► Seite 15 f). Prüfen Sie, ob das Grundstück bereits zur Gänze aufgeschlossen ist. Neben Straßenzufahrt, Wasserversorgung (Wasserleitung oder Hausbrunnen) und Abwasserentsorgung (Kanal oder Senkgrube) sind hier auch die Versorgung mit Strom, eventuell auch mit Erdgas, und ein Festnetztelefonanschluss bzw. Kabelanschluss zur Datenübertragung zu berücksichtigen. Gibt es noch keinen Kanal, erkundigen Sie sich, ob bzw. wann damit zu rechnen ist. Dafür können gesondert noch einmal Kosten anfallen. Dasselbe gilt für den Gehsteig. Ist noch kein Gehsteig vorhanden, könnten auch dafür noch Kosten entstehen. Fragen Sie, ob für das Grundstück schon alle Aufschließungskosten (Gebühren) bezahlt sowie alle sonstigen Verpflichtungen und Auflagen erfüllt worden sind. Die entsprechenden Auskünfte erhalten Sie bei der Gemeinde.

Fragen Sie unbedingt bei der Gemeinde nach, um unangenehme Überraschungen zu vermeiden

Bodenbeschaffenheit

Berücksichtigen Sie auch die Bodenbeschaffenheit des Grundstückes. Ob am Haus – wenn auch erst in späteren Jahren – mit Mauerfeuchtigkeit zu rechnen sein wird, hängt sehr stark vom Boden ab. Bei stark lehmhaltigen Böden und hohem Grundwasserspiegel ist die Wahrscheinlichkeit von langsam aufsteigender Mauerfeuchtigkeit größer als bei Schotterböden.

In diesen Bereich fällt auch die Frage, ob sich auf dem Grundstück eventuell noch Altlasten befinden. War dort einmal eine Mülldeponie oder ein Gewerbebetrieb, in dem gefährliche Abfälle angefallen sind, besteht für Sie als neuer Eigentümer das Risiko, dass Sie für die Kosten der Beseitigung herangezogen werden.

Grenzfragen

Wie verlaufen die Grundstücksgrenzen genau? Vor allem, wenn das Grundstück nicht von einer Mauer oder einem Zaun umgrenzt ist, sollten Sie überprüfen, ob Rechte von dritten Personen (z.B. Wegerechte) an der Liegenschaft bestehen. Sind die Grenzen in natura überhaupt markiert oder lassen sie sich nur anhand von Plänen feststellen? Bei Streitigkeiten mit den Nachbarn muss ein Geometer den tatsächlichen Grenzverlauf bestimmen. Das ist wiederum mit Kosten verbunden.

Es können aber auch (Orts-)Wasser- oder Kanalleitungen über das Grundstück führen, die auf den ersten Blick gar nicht erkennbar sind. Trotzdem müssen diese Leitungsführungen auch bei einem Eigentümerwechsel weiterhin geduldet werden.

Ein umstrittenes Gebiet stellt die Frage nach den Auswirkungen der Erdenergien dar. Viele Menschen „fühlen" Auswirkungen der Erdstrahlung, von Wasseradern etc. an bestimmten Orten. Stellt dies auch für Sie manchmal ein Problem dar, kann ein Radiästhet (Wünschelrutengänger) vor Ort die Lage klären.

Abmessungen

Form und Größe des Grundstückes entscheidet darüber, ob ein Zubau zum bestehenden Haus möglich ist. Auch wenn Sie nicht gleich einen Zubau planen, aber so etwas für die Zukunft ins Auge fassen, erkundigen Sie sich lieber bei der Gemeinde, ob dieser nach den Bebauungsbestimmungen überhaupt genehmigt werden könnte. Nach den Bauordnungen sind meistens Mindestabstände zu den Grundstücksgrenzen einzuhalten.

Ausrichtung

Die Ausrichtung des Hauses nach den Himmelsrichtungen ist insofern von Bedeutung, als das Ausmaß der Sonneneinstrahlung über die künftigen Kosten für die Beheizung des Hauses und über die Belichtung entscheidet. Hier sind auch Bebauung und Bepflanzung (hohe Bäume) der Nachbargrundstücke zu berücksichtigen. Achten Sie weiters auf die (Haupt-)Windrichtung, da diese ebenfalls Auswirkungen auf Ihre künftigen Heizkosten hat.

Exkurs: Energieausweis

Seit 1 Jänner 2009 ist bei jedem Verkauf (und auch bei Vermietung) eines Nutzungsobjektes vom Verkäufer ein Energieausweis vorzulegen, der die Gesamtenergieeffizienz des Gebäudes (des Nutzungsobjektes) angibt. Die Daten des Energieausweises ergeben sich aus vergleichbaren (standardisierten) Berechnungen zur Energieeffizienz von Gebäuden. Die Kaufinteressenten sollen damit in die Lage versetzt werden, ihre Kaufentscheidung verstärkt auch von den energietechnischen Eigenschaften eines Nutzungsobjektes abhängig zu machen.

Nachteil der österreichischen Regelung – in Umsetzung einer EU-Richtlinie – ist, dass ein Energieausweis nicht für ein konkretes Objekt erstellt werden muss. Auch beim Ankauf oder bei der Anmietung nur eines Objektes in einem Gebäude erfüllt ein Energieausweis für das gesamte Gebäude die Anforderungen des Gesetzes. Unter Berücksichtigung der unterschiedlichen Lagen von Wohnungen innerhalb eines Gebäudes ist der vorzulegende Energieausweis (über das gesamte Gebäude) daher nur sehr eingeschränkt für den tatsächlich zu erwartenden Energieverbrauch eines Objektes aussagekräftig. Dasselbe gilt für Einfamilienhäuser, wo beispielsweise die tatsächliche Lage nicht berücksichtigt werden muss, wenn nur die Berücksichtigung des Referenzstandortes gefordert ist.

Der Kaufinteressierte soll anhand des standardisierten Energieausweises relativ einfach feststellen können, ob das betreffende Objekt energiesparend oder „energiefressend" ist. Ähnlich den Nachweisen bei Kühlschränken, Waschmaschinen u.Ä. soll auch der Gebäudeausweis auf einer farbigen Skala mit einer Buchstabeneinteilung von „A" (= sehr effizient) bis „G" (= ineffizient) den Normenergieverbrauch prägnant darstellen.

Der Energieausweis muss spätestens bei Vertragsabschluss übergeben werden und darf nicht älter als zehn Jahre sein.

Wird die Vorlage eines Energieausweises vom Verkäufer unterlassen, kann sich der Käufer nach derzeitiger Rechtslage nur nach dem allgemeinen Gewährleistungsrecht schadlos halten, wonach „zumindest eine dem Alter und der Art des Gebäudes entsprechende Gesamtenergieeffizienz als vereinbart" gilt. Sind am Kaufvertrag nur Nichtunternehmer beteiligt, d.h. privater Käufer kauft von privatem Verkäufer, kann nach der bisherigen Regelung sogar diese besondere Gewährleistungsfolge ausgeschlossen werden.

Ausschluss der Gewährleistungsfolge nur bei Verkäufen von Privat an Privat

Da die Nichtvorlage eines Energieausweises derzeit nicht strafbar ist und de facto nicht sanktioniert wird, handelt es sich bei den einschlägigen Bestimmungen in Zusammenhang mit der Veräußerung eines Einfamilienhauses um weitgehend „totes" Recht, zumindest in Ostösterreich. In den westlichen Bundesländern kommen die Verkäufer den gesetzlichen Bestimmungen im Regelfall nach.

Neuerungen ab 2012/2013

Ende 2012 tritt eine strengere Regelung in Kraft

Mittlerweile wurden die Regeln für den Energieausweis und dessen Handhabung auf europäischer Ebene weiterentwickelt (RL 2010/31/EU – Gebäuderichtlinie 2010). Die Umsetzung in die österreichische Rechtsordnung soll im Laufe des Jahres 2012 erfolgen. Derzeit liegt ein Ministerialentwurf für ein Energieausweis-Vorlagegesetz 2012 – EAVG 2012 vor. Das Inkrafttreten der neuen Bestimmungen ist für den 1. Dezember 2012 vorgesehen. Auf die geplanten Neuerungen anhand dieses Entwurfes werden wir im Folgenden näher eingehen.

Mit Ausnahme ganz weniger Fälle (Abbruchobjekte, provisorische Bauten, Badehütten etc.) wird künftig bei allen Fällen der Veräußerung (Vermietung) von Häusern bzw. Nutzungsobjekten ein Energieausweis einzuholen und im Zuge der Vertragsverhandlungen auch vorzulegen bzw. dem Käufer (Mieter) zu übergeben sein.

Eine Sonderbestimmung sieht das EAVG 2012 für Einfamilienhäuser vor. Hier steht dem Verkäufer neben der Einholung eines eigenen Energieausweises auch die Möglichkeit offen, einen Energieausweis über ein vergleichbares Gebäude vorzulegen. Dies wird häufig bei Fertigteilhäusern vorkommen. Die Vergleichbarkeit bezieht sich auf die ähnliche Gestaltung, Größe und Energieeffizienz der Gebäude. Der Ausweisersteller muss diese Ähnlichkeiten bestätigen.

Die Befugnis zur Erstellung und der genaue Inhalt eines Energieausweises ist in Österreich dem Landesgesetzgeber überlassen und leider nicht in allen Bundesländern einheitlich geregelt. Die Mindestanforderungen an den Inhalt eines Energieausweises ergeben sich jedenfalls aus der EU-Gebäuderichtlinie 2010.

In allen Inseraten (Druck oder elektronische Medien) mit Anboten zur Vermietung oder dem Verkauf von Immobilien bzw. einzelnen Nutzungsobjekten ist künftig der Heizwärmebedarf und der Gesamtenergieeffizienzfaktor anzugeben. Diese Verpflichtung trifft den Abgeber, aber auch den beauftragten Immobilienmakler, wenn dieser das Inserat schaltet. Die Unterlassung dieser Angaben stellt eine Verwaltungsübertretung dar und ist mit einer Verwaltungsstrafe zu ahnden. Während der Vertragsverhandlungen über den Ankauf bzw. die Anmietung eines Einfamilienhauses (Objektes) hat der Verkäufer dem Kaufinteressenten den Energieausweis bereits zu zeigen und ihm die Gelegenheit zur Einsichtnahme zu bieten. Damit wird der Kaufinteressent in die Lage versetzt, die Daten des Energieausweises über die energetischen Eigenschaften des Objektes bei seiner Entscheidung mitzuberücksichtigen.

Binnen 14 Tagen nach Vertragsabschluss hat der Verkäufer dem Käufer eine vollständige Kopie des Energieausweises auszuhändigen. Auch hier gilt selbstverständlich, dass der Energieausweis höchstens zehn Jahre alt sein darf.

Wird vom Verkäufer kein Energieausweis vorgelegt und/oder der Energieausweis dem Käufer nicht übergeben, stellt auch dies eine Verwaltungsübertretung dar und ist entsprechend zu bestrafen.

Was können Sie bei Nichtvorlage eines Energieausweises tun?

Wird Ihnen vom Verkäufer nach Vertragsabschluss kein Energieausweis übergeben, haben Sie zwei Möglichkeiten, doch noch zu einem Energieausweis zu kommen. Sie können den Verkäufer auf Herausgabe des Ausweises gerichtlich klagen oder Sie holen selbst einen Energieausweis ein. Den Ersatz der dabei entstandenen Kosten können Sie binnen zwei Jahren vom Verkäufer gerichtlich einfordern.

Nach der geplanten Neuregelung wird ein diesbezüglicher Gewährleistungsausschluss unter Nichtunternehmern, also zwischen privaten Käufern und Verkäufern, nicht mehr in Betracht kommen.

Zustandsüberprüfung

Besichtigen Sie das Haus und die einzelnen Räume in Ruhe. Lassen Sie einmal den Gesamteindruck auf sich wirken, bevor Sie sich auf Details konzentrieren.

Entsprechen Grundriss und Raumaufteilung den Bedürfnissen sämtlicher künftigen Bewohner? Auch eine große Wohnfläche kann unzureichend sein, wenn sie überwiegend Durchgangszimmer aufweist und damit eine gesonderte Nutzung der einzelnen Räume nicht zulässt.

Raumanordnung

Verfügt das Haus neben dem Keller über zwei Geschoße, beachten Sie, ob jedes Geschoß über die notwendigen Sanitäreinrichtungen (Bad, WC) verfügt, um notfalls ohne Stiegensteigen auch auf nur einem Geschoß leben zu können. Prüfen Sie auch die Treppen. Mit zunehmendem Alter treten immer häufiger Gehbehinderungen auf. Eine enge, gewendelte Treppe erschwert dann den vielleicht notwendigen Einbau einer mechanischen Aufstiegshilfe (Behindertenaufzug).

Belichtung

Wie ist die Belichtung der Räume? Besonders bei Aufenthalts- und Wohnräumen ist es wichtig, dass untertags die natürliche Belichtung ausreicht.

Stellt Sie der Gesamteindruck zufrieden, gilt es, den technischen Zustand des Hauses möglichst genau zu erfassen. Vor einer definitiven Entscheidung für ein bestimmtes Objekt empfehlen wir eine Begutachtung (Bausubstanz und Haustechnik) durch einen Fachmann (► Seite 89 f). Darüber hinaus gibt es noch andere Punkte, auf die Sie jedenfalls achten sollten.

Baujahr

Wann wurde das Haus errichtet bzw. wann wurden größere Umbauten (Sanierungen) vorgenommen? Gibt es eine baubehördliche Genehmigung und eine Benützungsbewilligung (Fertigstellungsanzeige) für die Hauserrichtung und die später vorgenommenen Umbauten? Diesen Unterlagen sollten Sie besonderes Augenmerk schenken, da Sie als (späterer) Liegenschaftseigentümer auch für den baurechtlichen Status des Gebäudes verantwortlich sein werden.

Außenwände

Weisen die Außenwände Setzungsrisse oder Feuchtigkeitsflecken auf, ist besondere Vorsicht geboten. Ein frischer Anstrich an den Kellerwänden sollte Ihnen überhaupt zu denken geben (aufsteigende Mauerwerks-

Genehmigungen überprüfen

Hat der Verkäufer selbst keine Unterlagen zur baurechtlichen Genehmigung, fragen Sie unbedingt beim Bauamt der Gemeinde nach, ob alle Genehmigungen vorliegen.

feuchtigkeit). Besonders bei Hanglagen stellt sich auch die Frage nach einer wirksamen Drainage (Ableitung von Oberflächenwasser).

Holzverkleidungen, aber auch das Dachgebälk sollten nach Schädlingsbefall (Bohrlöcher) abgesucht und der gesamte Dachboden auf Feuchtigkeitsflecken kontrolliert werden. Diesbezügliche Schäden können ihre Ursache in einem undichten Dach, aber auch in kaputten (verstopften) Regenrinnen haben.

Heizung

Welche Heizanlage gibt es im Haus und welcher Brennstoff wird verwendet? In welchem Zustand und wie alt sind Heizungsanlage und der Kamin? Je älter, desto wichtiger ist eine Überprüfung durch einen Fachmann (Installateur, Heizungsbauer, Rauchfangkehrer), da eine Erneuerung der Heizungsanlage teuer kommen kann.

Tipp

In jedem Bundesland gibt es mittlerweile Vorschriften zur periodischen Überprüfung von Heizungsanlagen. Dazu gehören jedenfalls Abgasmessungen, die in zwei- bis fünfjährigen Intervallen durchzuführen sind. Ebenso wurden Grenzwerte für die Schadstoffe festgelegt, bei deren Überschreitung die Heizungsanlagen nicht weiter betrieben werden dürfen. Leider handelt es sich auch hier um bundesländerweise unterschiedlich festgesetzte Überprüfungsintervalle und Grenzwerte.
Lassen Sie sich vom Verkäufer zunächst auf jeden Fall den Befund der letzten Abgasmessung der Heizungsanlage geben. Neben den eigentlichen Messdaten müssen darin auch die Type und das Alter der Feuerstätte der Heizung angegeben sein.

Gas- und Wasserleitungen

In welchem Zustand sind die Gas- und Wasserleitungen? Bei alten Häusern kann es vorkommen, dass die Wasserleitungen (teilweise) in Blei ausgeführt sind. Da in diesem Fall eine Gesundheitsgefährdung eintreten kann, sollten Sie jedenfalls eine Erneuerung der Wasserleitungen in Betracht ziehen. Wird das Haus mit sehr kalkhaltigem Wasser versorgt, führt das zu Ablagerungen in den Leitungen, was den Leitungsquerschnitt verengt.

Wann wurden die Leitungen das letzte Mal überprüft?

Besonders bei einer Versorgung aus einem Hausbrunnen ist auf die Wasserqualität zu achten. Für Hausbrunnen sind oft jährliche Überprüfungen der Wasserqualität vorgeschrieben. Lassen Sie sich in diesem Fall den letzten Überprüfungsbefund zeigen.

Auch für Gasleitungen in Gebäuden sind in manchen Bundesländern periodische Überprüfungen verpflichtend vorgeschrieben. In Niederösterreich beispielsweise sind die Gasleitungen ab Gaszähler bis zum Endverbrauchsgerät alle zehn Jahre überprüfen zu lassen. Lassen Sie sich in diesem Fall den letzten Überprüfungsbefund zeigen. Von einem Installateur können Gasleitungen immer relativ einfach und rasch auf ihre Dichtheit überprüft werden.

Elektroinstallationen

In welchem Zustand sind die elektrischen Leitungen des Hauses? Je älter das Haus, desto wahrscheinlicher, dass die elektrische Anlage nicht mehr den elektrotechnischen Vorschriften entspricht und die Sicherheit von Personen gefährdet. Selbst wenn keine Gefährdung vorliegt, reicht die Leitungsdimensionierung oft nicht aus, um heutigen Ansprüchen (Elektroherd, Waschmaschine, Geschirrspüler etc.) gerecht zu werden.

Der häufigste Mangel sind fehlende Schutzerdungsleitungen zu den einzelnen Stromauslässen (Steckdosen, Luster etc.) und das Fehlen einer entsprechenden hauseigenen Erdungsanlage. Als Schutzerdungsleitungen werden die gelb/grün isolierten Drähte verwendet, an die jede (Schuko-)Steckdose angeschlossen werden muss. Die hauseigene Erdungsanlage kann ein Fundamenterder oder ein im Erdreich verlegter Erder sein.

Ob gelb/grün isolierte Drähte bei den Steckdosen vorhanden sind, können Sie noch selbst nachprüfen, für die Überprüfung der elektrischen und der Erdungsanlage werden Sie aber einen Fachmann (Elektriker) benötigen. Dasselbe gilt für die Wirksamkeit einer vorhandenen Blitzschutzanlage.

Auch zur Beantwortung der Frage, ob die elektrische Anlage für die Schutzmaßnahme „Nullung" vorbereitet oder bereits umgestellt worden ist, werden sie einen Fachmann brauchen.

Professionelle Beratung

Wollen Sie nicht Gefahr laufen, wegen der notwendigen Behebung zunächst nicht erkannter Mängel am neu erworbenen Haus in ein finanzielles Abenteuer zu schlittern, ist die Beiziehung von Fachleuten mehr als empfehlenswert. Anders als beim Ankauf eines Gebrauchtwagens hat sich in Österreich die technische Überprüfung des wesentlich teureren Einfamilienhauses vor dem Ankauf leider noch nicht durchgesetzt. In der Schweiz ist sie Regelfall, in der Bundesrepublik Deutschland wird zunehmend darauf bestanden.

Welche Befunde liegen vor?

Fragen Sie als Kaufinteressent daher zuerst immer nach, ob der Verkäufer Befunde hat bzw. beischaffen kann. Dies betrifft jedenfalls alle Gebiete der Haustechnik (Elektro, Wasser etc.), aber auch den Kamin und die Bausubstanz selbst.

Gibt es keinerlei Befunde, überlegen Sie, ob Sie nicht besser fahren, wenn Sie zunächst etwas Geld in eine technische Überprüfung investieren. Vielleicht ist auch eine Kostenteilung mit dem Verkäufer möglich: Kaufen Sie das in Aussicht genommene Objekt schließlich nicht, bleiben dem Verkäufer immerhin die Befunde für andere Kaufinteressenten.

Sachverständige beiziehen

Für eine Überprüfung kommen die jeweiligen Professionisten in ihrem Fachbereich in Frage. Das heißt, der Baumeister für die Bausubstanz, bis hin zu den Fenstern, der Elektriker für die Elektro- und Blitzschutzanlage,

Kuckucksei

Herr Glück hat über ein Zeitungsinserat ein Einfamilienhaus gefunden, das ihm gefällt und seinen Preisvorstellungen entspricht (150.000 Euro). Auf den ersten Blick dürften keine Sanierungsarbeiten notwendig sein. Nur die vorhandene Heizungsanlage bereitet ihm Kopfzerbrechen, weil sie schon recht altersschwach aussieht. Nach Angaben des Verkäufers soll sie rund 15 Jahre alt sein. Er selbst hat das Haus aber erst vor sieben Jahren gekauft, und damals war die Heizung schon vorhanden. Herr Glück macht einen gesonderten Besichtigungstermin mit einem Installateur aus, um sicherzugehen, bevor er sich zu einem Kauf entschließt. Der Installateur stellt fest, dass der Heizkessel sicher schon 25 Jahre „auf dem Buckel hat" und deshalb bald (in ein, zwei Jahren) auszutauschen sein wird. Im Hinblick auf den besseren Wirkungsgrad neuer Heizkessel schlägt er aber einen sofortigen Kesseltausch vor. Kosten dafür rund 3.200 Euro. Die übrige Heizanlage ist in Ordnung, die Heizkörper wurden bereits erneuert. Bei dieser Gelegenheit ersucht Herr Glück den Installateur, auch gleich die Wasserleitungen anzusehen. Bei einem Absperrventil findet sich eine Bleileitung. Herr Glück will mit Trinkwasser aus einer Bleileitung auf keinen Fall ein Gesundheitsrisiko eingehen. Er fragt daher gleich um die Kosten einer Erneuerung der Wasserleitungen im gesamten Haus. Der Installateur macht ihn darauf aufmerksam, dass für diesen Fall auch das gesamte Badezimmer erneuert werden muss. Die Leitungen im Bad laufen in den verfliesten Wänden, die Abflussleitungen sind ebenfalls aus Blei und sollten gleich mit erneuert werden. Die Kosten für die Erneuerung der Wasser- und Abflussleitungen schätzt der Installateur auf rund 7.000 Euro, die neue Verfliesung noch nicht eingerechnet. Mit solchen Summen für eine Sanierung hat Herr Glück nicht gerechnet, er kann sie sich auch nicht leisten. Er will das Haus nur dann kaufen, wenn er sich mit dem Verkäufer auf einen geringeren Kaufpreis einigen kann. Als endgültiger Kaufpreis werden dann 144.000 Euro ausverhandelt. Kaufpreis (ohne Nebenkosten) und Sanierungskosten betragen jetzt in Summe 154.200 Euro. Ohne vorheriger Beiziehung des Installateurs hätte Herr Glück für dieselbe Leistung 160.200 Euro (150.000 Euro Kaufpreis zuzüglich 10.200 Euro für notwendige Installateurarbeiten) bezahlen müssen.

der Installateur für Wasserleitungen und Heizungsanlagen etc. Weiters die eingetragenen Ziviltechniker und die gerichtlich beeideten Sachver-

Versicherungen übernehmen oder kündigen

Bei einem Wohnungswechsel innerhalb Österreichs gilt eine bestehende Haushaltsversicherung während des Umzuges und in den neuen Wohnräumen weiter, sofern der Versicherungsvertrag nicht vor Beginn des Umzuges und mit Wirkung auf den Tag vor Beginn des Umzuges gekündigt wird.
Bei Eigenheimversicherungen tritt im Falle des Verkaufs der Erwerber in das bestehende Versicherungsverhältnis ein. Der Erwerber ist berechtigt, dieses zu kündigen; die Kündigung kann nur mit sofortiger Wirkung oder auf den Schluss der laufenden Versicherungsperiode erfolgen. Das Kündigungsrecht erlischt, wenn es nicht innerhalb eines Monats nach Erwerb ausgeübt wird. Hatte der Erwerber von der Versicherung keine Kenntnis, so bleibt es bis zum Ablauf eines Monats von dem Zeitpunkt an bestehen, in welchem der Erwerber von der Versicherung Kenntnis erlangt hat. Für die Prämie, welche auf die zur Zeit des Eintritts laufende Versicherungsperiode entfällt, haften Veräußerer und Erwerber zur ungeteilten Hand.

ständigen, auch diese in ihrem jeweiligen Fachgebiet. Auskunft über Ziviltechniker erteilt die Kammer der Architekten, über Sachverständige der Hauptverband der Sachverständigen Österreichs (Adressen ► Seite 139). Daneben bieten auch technische Büros und Institute ihre Dienste an.

Vor der Beauftragung einer Überprüfung sollten Sie die genaue Aufgabenstellung – Befundung einer bestimmten Anlage und Feststellung von Mängeln – abklären, ebenso die dafür voraussichtlich erwachsenden Kosten.

Kostentransparenz bei standardisierten Zustandsprüfungen durch den TÜV

Der TÜV Österreich (Technischer Überwachungsverein) ist eine unabhängige technische Prüfstelle und bietet beispielsweise eine technische Überprüfung von Einfamilienhäusern in ganz Österreich an. Im Rahmen einer standardisierten Zustandsfeststellung wird ein Ankaufstest/Verkaufstest für bereits genutzte Einfamilienhäuser vorgenommen. Für Häuser bis 150 m² Fläche kostet die Überprüfung 1.374 Euro (inkl. 20 Prozent Umsatzsteuer). Bei größeren Häusern kommen je weiteren Quadratmeter Nutzfläche 4,59 Euro brutto dazu. Beim Ankaufs/Verkaufstest wird Folgendes überprüft:

- In welchem Zustand befindet sich das Haus?
- Wie ist die Qualität der Bausubstanz zu bewerten?

- In welchem Zustand befinden sich Heizung, Lüftung, Sanitär- und Elektroinstallationen, Fenster, Türen etc.?
- Wie sind Wand-, Decken- und Bodenbeläge beschaffen?
- Sind Sanierungsmaßnahmen und Renovierungsarbeiten erforderlich?

Stellen sich bei einer derartigen technischen Überprüfung Mängel am Haus heraus, lassen sich mit einem Kostenvoranschlag die Kosten notwendiger Reparaturen zuverlässig bestimmen. Mit dem Wissen, welcher Gesamtaufwand auf Sie zukommt, können Sie zunächst mit dem Verkäufer nochmals über den Kaufpreis verhandeln und dann entscheiden, ob Sie das Haus trotzdem kaufen wollen und sanieren oder doch lieber weitersuchen.

Verpflichtende Erklärungen

Schon mündliche Erklärungen können verbindlich sein

Wir werden in diesem Kapitel noch näher darstellen, wie ein Vertragsabschluss zustande kommt. Grundsätzlich raten wir Käufern ebenso wie Verkäufern, im Verhandlungsstadium keine vorschnellen Vertragserklärungen abzugeben. Beachten Sie als Käufer bitte, dass beim Liegenschaftskauf auch mündliche Erklärungen verbindlich sein können! Geben Sie als Kaufinteressent gleich bei der ersten Besichtigung des Einfamilienhauses eine Vertragserklärung (z.B. ein Kaufanbot) ab, kommt noch ein eigenes Rücktrittsrecht (► Seite 57) in Betracht. Damit keine Missverständnisse entstehen, sollten Sie als Kaufinteressent bei Korrespondenzen im Verhandlungsstadium (Briefe, E-Mail, Telefax) in einem Beisatz wie „vorerst unverbindlich" darauf hinzuweisen, dass Sie sich jetzt noch nicht endgültig binden möchten.

Verfrühte Vertragserklärungen sorgen in der Praxis immer wieder für Ungereimtheiten und Streitereien. Überlassen Sie es lieber dem professionellen Vertragserrichter (Notar oder Rechtsanwalt), einen für beide Teile verbindlichen Vertragstext zu entwerfen. Sind Sie mit Ihrem Verhandlungspartner über die Konditionen des Ankaufes prinzipiell einig geworden, schlagen Sie ihm als nächsten Schritt am besten einen ge-

Sorgfalts- und Aufklärungspflichten

Schon im Verhandlungsstadium bestehen für die Verhandlungspartner Sorgfalts- und Aufklärungspflichten. Sie entstehen bereits durch bloße Aufnahme eines rechtsgeschäftlichen Kontaktes. Gerade im Verhandlungsstadium sind die Parteien auf ihr Gegenüber angewiesen. Sie müssen sich auf die Richtigkeit und Vollständigkeit der erhaltenen Informationen verlassen können. Sie treffen Dispositionen und Entscheidungen, die davon abhängen. Das heißt nicht, dass man Vertragsverhandlungen stets zu einem Abschluss bringen muss. Ein Abbruch von Verhandlungen ist beiden Parteien grundsätzlich immer möglich, wenn sich herausstellt, dass keine Einigung erzielt werden kann. Wenn aber z.B. jemand sein ursprüngliches Interesse verloren hat, darf von ihm erwartet werden, dass er seinen Verhandlungspartner rechtzeitig davon in Kenntnis setzt, damit diesem kein unnötiger Aufwand entsteht. Die Verletzung von Sorgfalts- und Aufklärungspflichten kann zu Haftungsfolgen führen.

meinsamen Termin beim Vertragserrichter vor. Sprechen Sie klar aus, dass Sie sich frühestens im Verlauf des gemeinsamen Informationsgespräches beim Vertragserrichter binden möchten.

Kaufvertragskosten betreffen in der Regel den Käufer

Üblicherweise trägt der Käufer die Kosten der Vertragserrichtung allein und darf den Vertragserrichter daher auch aussuchen (Abweichendes könnte freilich vereinbart werden). Dann sollte der Käufer auch alleiniger Auftraggeber des Rechtsanwaltes oder Notars werden. Der Vertragserrichter ist dann aber auch dem Verkäufer gegenüber zur umfassenden Aufklärung über das beabsichtigte Geschäft verpflichtet.

Erörtern Sie das bisher Besprochene nun mit dem Vertragserrichter und hören Sie sich seine Einschätzung zum beabsichtigten Vertragsinhalt an. Verläuft das Gespräch positiv, können Sie den Verkauf jetzt mündlich fixieren und den gemeinsamen Termin beim Notar (oder Rechtsanwalt) auch gleich nützen, um den Auftrag zur Vertragserrichtung zu erteilen. Damit ist der Ankauf des Einfamilienhauses nun für beide Verhandlungspartner verbindlich geworden.

Ein schriftliches Anbot ist keine Voraussetzung für einen Kauf

Wir empfehlen diese Vorgehensweise grundsätzlich auch dann, wenn ein Makler beauftragt ist. Es muss im Vorfeld des Kaufvertragsabschlusses nicht mit schriftlichem Anbot und Annahmeerklärung gearbeitet werden. Nach Möglichkeit sollte Ihnen der Makler auch ein persönliches Gespräch mit dem Verkäufer ermöglichen. Stellen Sie auch diesem Fragen. Besprechen Sie die weitere Vorgehensweise direkt mit ihm.

Schriftliche Vereinbarungen vor Unterzeichnung des Kaufvertrages nur in Ausnahmefällen notwendig

Verpflichtende Vereinbarungen (z.B. ein schriftliches Kaufanbot und Annahmeerklärung) machen im Vorfeld der Kaufvertragserrichtung nur in seltenen Fällen wirklich Sinn; z.B. wenn es einen Vorkaufsberechtigten gibt (► Seite 36) oder einer der beiden Verhandlungspartner im Hinblick auf das geplante Geschäft noch Investitionen tätigen soll.

Sie haben z.B. ein Haus gefunden haben, das Ihren Vorstellungen entspricht, die Finanzierung ist sichergestellt und mit dem Verkäufer wurde bereits prinzipielle Einigung erzielt. Wenn jetzt nur noch die Besichtigung der Haustechnik durch einen Fachmann fehlt und Sie sichergehen möchten, dass das Haus nicht zwischenzeitig an jemand anderen verkauft wird und Sie auf den Kosten der Überprüfung sitzen bleiben, dann empfiehlt sich eine schriftliche Vereinbarung mit dem Verkäufer, wonach die Liegenschaft zu einem bestimmten Preis an Sie verkauft wird. Zur Bedingung für den Abschluss des Kaufvertrages machen Sie aber jene Punkte, die noch zu überprüfen sind (z.B. Nachweis der Mängelfreiheit der Haustechnik). Ist die Überprüfung durchgeführt und die Bedingung erfüllt (z.B. die Bestätigung der Mängelfreiheit durch einen Fachmann), haben Verkäufer und Käufer Anspruch darauf, dass nun der Kaufvertrag zu den vereinbarten Konditionen abgeschlossen wird. Stellen sich bei der Überprüfung hingegen Mängel heraus, ist die Bedingung nicht erfüllt, d.h. es ist kein Kaufvertrag abzuschließen. In diesem Fall können Sie mit dem

Ein Vertrag verpflichtet

Ein Einfamilienhaus soll verkauft werden. Käufer und Verkäufer haben sich über die wesentlichen Punkte geeinigt. Wie abgemacht, gibt der Käufer einem Notar den Auftrag zur Errichtung des schriftlichen Kaufvertrages zu den besprochenen Bedingungen. Meldet sich jetzt noch ein Kaufinteressent, der einen höheren Kaufpreis bietet, darf es sich der Verkäufer nicht mehr einfach anders überlegen. Auch wenn der Verkäufer bisher noch nichts unterschrieben hat, wird davon auszugehen sein, dass eine mündliche Vereinbarung bereits vorliegt, an die beide Teile, Verkäufer und Käufer, jetzt gebunden sind.

Verkäufer natürlich über einen niedrigeren Kaufpreis verhandeln und, falls Sie sich einigen, einen Kaufvertrag mit neuem Inhalt abschließen.

Schriftliche Vereinbarung wegen Investitionen des Verkäufers als Bedingung für den Kauf

Wenn Sie umgekehrt mit dem Verkäufer ausgemacht haben, dass er vor dem Verkauf noch gewisse Arbeiten (z.B. den erforderlichen Heizkesseltausch) oder Überprüfungen am Einfamilienhaus finanziert und diese Investitionen auf den Kaufpreis aufgeschlagen werden sollen, wird der Verkäufer sichergehen wollen, dass Sie ihm als Käufer nicht abspringen und er auf seinen Investitionen womöglich sitzenbleibt. Auch in so einem Fall kommt eine schriftliche Vereinbarung zwischen Käufer und Verkäufer in Betracht, wonach die Liegenschaft zu einem bestimmten Preis an Sie verkauft wird. Als Bedingung für den Abschluss des Kaufvertrages wäre in diese Vereinbarung aufzunehmen, dass vom Verkäufer binnen einer angeführten Frist die näher bezeichneten Überprüfungen bzw. Arbeiten (z.B. Einbau eines neuen Heizkessels der Marke xx, Modell yy) auf seine Kosten fachgerecht durchgeführt worden sind.

Kaufanbot mit Bedingung

Frau K. wurde vom Makler M. die Kaufgelegenheit eines Einfamilienhauses vermittelt. Mit dem Verkäufer, Herrn V., ist sich Frau K. weitgehend einig. Sie möchte aber, dass die notwendige Reparatur des Kaminkopfes noch vor Übergabe von Herrn V. veranlasst wird, und ist damit einverstanden, die Kosten von 2.200 Euro auf den Kaufpreis aufzuschlagen. Herr V. möchte aber sichergehen, dass Frau K. in der Folge auch wirklich kauft, und verlangt eine schriftliche Kaufzusage. Der Makler stellt ein Kaufanbotsformular zur Verfügung, worin Frau K. verbindlich erklärt, das Einfamilienhaus um 198.200 Euro (inkl. Reparaturkosten) zu kaufen. Dies aber nur unter der Bedingung, dass die Reparatur auf Veranlassung und Rechung von Herrn V. bis spätestens 30. September fachgerecht durchgeführt wird und Rechnung sowie ein positiver Kaminbefund vorliegen. Neben dieser aufschiebenden Bedingung halten beide noch weitere Nebenpunkte fest, die später in der formellen Vertragsurkunde enthalten sein sollen (z.B. Art der Absicherung des Kaufpreises, Gewährleistungsregelung etc.) Das schriftliche Anbot wird von Frau K. als Anbotlegerin unterzeichnet und von Herrn V. auch gleich mit dem Vermerk „Angenommen" gegengezeichnet.

Das Zustandekommen der Vereinbarung

Wie jeder Vertrag kommt auch ein Kaufvertrag über ein Einfamilienhaus durch übereinstimmende Willenserklärungen zweier (oder bei Miteigentum mehrerer) Personen zustande. Die einleitende Willenserklärung heißt Anbot. Es ist dies der Vorschlag (das Offert), einen Kaufvertrag bestimmten Inhalts abzuschließen. Ist dieses hinsichtlich Kaufobjekt und Kaufpreis ausreichend bestimmt, ist der Anbotleger daran gebunden. Die Bindungsdauer kann im schriftlichen Kaufanbot angegeben sein, ansonsten gilt eine angemessene Bindungsdauer (angemessene Überlegungsfrist für den Erklärungsempfänger samt Postlauf). Welche Frist als angemessen gilt, kann strittig sein und wird von Gerichten im Streitfall nach Natur und Zweck des jeweiligen Verkaufs entschieden (je nachdem, wie kompliziert das konkrete Geschäft im Einzelfall ist, welche Umstände also vorliegen). Zumeist gibt der Kaufinteressent die einleitende Willenserklärung ab (Kaufanbot). Es ist aber auch umgekehrt möglich, dass der Verkäufer zuerst den verbindlichen Vorschlag (das Offert) macht, einen Kaufvertrag bestimmten Inhalts abzuschließen (Verkaufsanbot).

Nimmt der Adressat (Erklärungsempfänger) das Anbot an, kommt der Kaufvertrag (oder zumindest ein Vorvertrag) zustande, sobald die Annahmeerklärung den Anbotleger erreicht.

Für Vertragserklärungen (Willenserklärungen) ist keine Schriftform erforderlich! Für das Zustandekommen des Kaufvertrages sind grundsätzlich auch mündliche Erklärungen ausreichend. Nur für die Eintragung des Eigentumsübergangs im Grundbuch – erst damit erwirbt der Käufer Eigentum am Kaufobjekt – ist eine schriftliche Kaufvertragsurkunde mit beglaubigten Unterschriften von Verkäufer und Käufer notwendig. Die formelle Kaufvertragsurkunde darf also mit dem Abschluss des Kaufvertrages (der verbindlichen Einigung der Verhandlungspartner) nicht unbedingt gleichgesetzt werden. Der Abschluss des Kaufvertrages erfolgt oft schon vor Unterzeichnung der Kaufvertragsurkunde.

Ein Vertragsabschluss kann schon vor Unterzeichnung des Kaufvertrages erfolgen!

Ein schriftliches Kaufanbot, vom Verkäufer angenommen, stellt rechtlich gesehen im Regelfall eine sogenannte Punktation dar. Eine Punktation ist eine Urkunde, in der die Vertragsparteien wesentliche Punkte des Liegenschaftsverkaufes verbindlich festhalten. Die Errichtung der förmlichen Vertragsurkunde soll später nachfolgen. Mit der Punktation kommt das Hauptgeschäft, der Liegenschaftsverkauf, bereits zustande. Wurde der Ankauf des Einfamilienhauses im schriftlichen Kaufanbot jedoch von Umständen abhängig gemacht, die erst eintreten müssen, könnte statt einer Punktation bei entsprechender Formulierung des Anbotes auch ein Vorvertrag vorliegen. Manchmal wird von den Vertragsparteien statt einem schriftlichen Kaufanbot auch eine Urkunde verwendet, die sie ausdrücklich als „Vorvertrag" bezeichnen.

Vorverträge, Punktationen: Je präziser und umfassender die Formulierungen, desto weniger „Brösel" haben Sie nachher

Ob Punktation oder Vorvertrag: Wird der Verkauf eines Einfamilienhauses von bestimmten Umständen abhängig gemacht, ist es in jedem Fall wichtig, dass die entscheidenden Umstände möglichst präzise aus der Urkunde hervorgehen. Der Urkunde sollte sich auch entnehmen lassen, bis wann die Umstände oder Bedingungen spätestens vorliegen müssen. Wenn Sie sich in solchen Fällen binden möchten, sollten Sie nicht vergessen, auch weitere – für Sie wichtige – Nebenpunkte bereits in die Urkunde aufzunehmen.

Zusammenfassung

- **Genau hinsehen.** Lassen Sie sich durch eine hübsche Fassade nicht täuschen. Oft hat sich schon ein Schmuckkästchen unversehens in eine schäbige Bruchbude verwandelt.
- **Fachmännisches Urteil.** Nehmen Sie sich für Besichtigungen ausreichend Zeit und vertrauen Sie auch auf das Können von Profis. Ein guter Handwerker sieht meist auf den ersten Blick, wo der Wurm drin ist.
- **Vertrauen ist gut, Kontrolle ist besser.** Verlangen Sie für alle wichtigen Installationen im Haus aktuelle Überprüfungsbefunde. Nehmen Sie auch die unmittelbare Umgebung der Liegenschaft genau unter die Lupe. Nur so vermeiden Sie böse Überraschungen wie Lärm und Gestank.
- **Am besten abhaken.** Gehen Sie bei jeder Besichtigung systematisch vor. Unsere Checkliste (► Seite 98ff.) hilft Ihnen dabei.

Vieles muss berücksichtigt werden, bevor Sie einen Kaufvertrag unterschreiben. Unsere Checkliste hilft Ihnen, dass Sie nichts vergessen und trotzdem den Überblick bewahren.

Umgebung

Regionalplanung: Raumordnung und Flächenwidmungspläne

- ❐ künftige Gebietsentwicklung
- ❐ Straßenplanungen
- ❐ Bebauungspläne

Verkehrsanbindung

- ❐ öffentliche Verkehrsmittel
- ❐ Straßenverbindungen
- ❐ Radwege
- ❐ Weg zur Schule
- ❐ Weg zum Arbeitsplatz

Versorgung mit Gütern des täglichen Bedarfs

- ❐ Supermarkt
- ❐ Apotheke
- ❐ Poststelle
- ❐ Arzt
- ❐ Sport- und Kulturstätten

Lärm, Staub, Geruch

- ❐ Gewerbe- und landwirtschaftliche Betriebe
- ❐ Straßen
- ❐ Einflugschneise Flughafen

Gefahrenzone

- ❐ Lawinenzone
- ❐ Überschwemmungsgebiet

Grundstück

Rechtsform laut Grundbuchauszug

- ❐ Alleineigentum

- ❒ Miteigentum
- ❒ Wohnungseigentum
- ❒ Pacht

Belastungen
- ❒ Wohnbauförderung
- ❒ Dienstbarkeiten und Rechte Dritter (Wegerechte, Leitungsführungen)

Grundstücksgröße
- ❒ bebaute Fläche
- ❒ Gartengröße

Grundstückslage
- ❒ Hauptwindrichtung (witterungsgeschützt)
- ❒ Sonneneinfall (Bäume auf dem Nachbargrundstück)

Aufschließung
- ❒ Zufahrt und Gehsteig vorhanden?
- ❒ Wasserqualität
- ❒ Ortswasserleitung
- ❒ Hausbrunnen
- ❒ Senkgrube
- ❒ Kanal
- ❒ Kanal in Planung? (Anschlusszwang, Kosten)
- ❒ Strom
- ❒ Gas
- ❒ Fernwärme
- ❒ Telefon- und Kabelanschluss

Grundstücksgrenzen
- ❒ Umzäunung
- ❒ Grenzmarken
- ❒ Auspflockung durch Geometer (Kosten)

Baugrundeigenschaften
- ❒ Bodenverhältnisse
- ❒ Grundwasser
- ❒ Altlasten (Problemstoffe)

- ❒ Hanglage
- ❒ Oberflächenwässer
- ❒ Erdenergien

Form und Größe

- ❒ Möglichkeit von Zu- und Umbauten
- ❒ Mindestabstände laut Bauvorschriften

Nebengebäude

Zustand von

- ❒ Garage
- ❒ Schuppen
- ❒ Gerätehaus

Garten

- ❒ Bepflanzung (alte Bäume)
- ❒ Einfriedung
- ❒ Gartenwege
- ❒ Stützmauern
- ❒ Wasser- und Stromanschlüsse (Beleuchtung)

Gebäude

Alter des Hauses, Genehmigungen

- ❒ Baugenehmigung
- ❒ Benützungsbewilligung (Fertigstellungsanzeige) vorhanden

Spätere Umbauten

- ❒ Genehmigungen
- ❒ Befunde
- ❒ Rechnungen, wenn Gewährleistungsfrist noch nicht abgelaufen ist

Lage

- ❒ Orientierung nach Himmelsrichtungen
- ❒ Beheizung
- ❒ Belichtung
- ❒ Hauptwindrichtung

Geschoße
- ❐ Keller
- ❐ Erdgeschoß
- ❐ Obergeschoß
- ❐ Dachboden ausgebaut oder ausbaufähig

Räume
- ❐ Anzahl und Orientierung (z.B. zur Straße)
- ❐ Grundriss
- ❐ Abstellflächen
- ❐ Arbeitszimmer
- ❐ Hobbyraum (Keller)
- ❐ Entsprechen die Räume Ihren Anforderungen?

Sanitäranlagen
- ❐ in jedem Geschoß?
- ❐ Ausführungsqualität
- ❐ Zustand dem Stand der Technik entsprechend?
- ❐ Feuchtigkeitsisolierung

Treppen und Geländer
- ❐ Zustand
- ❐ Art (gewendelt)
- ❐ Kellerabgang innen oder außen liegend?

Haustechnik
- ❐ Zustand dem Stand der Technik entsprechend?
- ❐ Wasser- und Abwasserleitungen (Material)
- ❐ elektrische Anlage (Dimensionierung, Erdung)
- ❐ Gasleitungen (Dichtheit)
- ❐ Telefon- und Kabelleitungen (Verrohrungen)

Beheizung und Warmwasser
- ❐ Heizungsanlage und Kamin (Art, Zustand)
- ❐ Warmwasseraufbereitung (Art, Zustand)

Fußböden
- ❐ Material (Holz, Teppich, Fliesen)

- ❒ Ausführungsqualität
- ❒ Zustand
- ❒ Trittschalldämmung ausreichend?

Dachstuhl

- ❒ Zustand (Ungeziefer, Nässeschäden)
- ❒ Dämmung
- ❒ für späteren Ausbau geeignet?

Außen- und Zwischenwände, Decken

- ❒ Wärmedämmung (Material)
- ❒ Isolierung
- ❒ (Setzungs-)Risse
- ❒ Feuchtigkeitsspuren
- ❒ Verputz/Verkleidung

Außenfenster und -türen

- ❒ Material (Isolierglas)
- ❒ Zustand

Keller

- ❒ Isolierung
- ❒ Feuchtigkeit an Boden und Wänden

Fundamente, Drainage, Kanalanschluss

- ❒ Fundamentplatte
- ❒ Streifenfundament
- ❒ Putzmöglichkeit
- ❒ Zustand des Revisionsschachts?

Dach, Kaminköpfe, Blitzschutz

- ❒ Deckung und Verblechung
- ❒ Zustand der Regenrinnen?
- ❒ Ausführungsqualität
- ❒ Blitzschutz ausreichend?

Einrichtung und Möbel
- ❒ Zustand und Alter (Gewährleistung) von Küchengeräten, Inventar etc., das übergeben werden soll

Kosten

Kaufpreis angemessen?
- ❒ unter Umständen abhängig von der technischen Überprüfung des Gebäudes durch Fachkundige

Nebenkosten
- ❒ Honorar des Vertragserrichters (Wer trägt das Honorar?)
- ❒ Beglaubigungskosten
- ❒ Grunderwerbsteuer
- ❒ Eintragungsgebühr
- ❒ Maklerprovision
- ❒ Finanzierungskosten

Kosten der Renovierung bzw. Umbauten
- ❒ laut Kostenvoranschlägen

Kosten der Einrichtung
- ❒ laut Kostenvoranschlägen oder spätere Anschaffung

Laufende Wohnkosten

Darlehensrückzahlung
- ❒ laut Kreditvertrag

Öffentliche Abgaben für das Grundstück
- ❒ Fragen Sie beim Vorbesitzer nach dessen Belastungen, lassen Sie sich dessen Vorschreibungen zeigen
- ❒ Wasser- und Kanalgebühren, Kosten für Müllabfuhr
- ❒ Energie- und Heizkosten

Prämien für Versicherungen
- ❒ laut Versicherungsvertrag

Checkliste:
Schritt für Schritt
zum eigenen Haus

Telefon, Rundfunk
- ❒ laut Tarifen

Kaufvertragsvorbereitung und -abwicklung

Finanzierung
- ❒ Wohnbauförderung möglich?
- ❒ Bausparkassen- oder Bankdarlehen zugesichert?
- ❒ Zeitpunkt der Auszahlung bei Fremdfinanzierung

Technische Überprüfung
- ❒ Liegen alle Überprüfungsbefunde vor?

Gewährleistung und Pönalevereinbarung
- ❒ Wofür soll der Verkäufer haften?
- ❒ Wie wird die Haftung abgesichert (Kaufpreiseinbehalte)?
- ❒ Pönalevereinbarung für den Fall der verspäteten Übergabe des Hauses?

Vertragserrichter
- ❒ Welcher Rechtsanwalt oder Notar wird beauftragt?
- ❒ Klärung der Honorarhöhe – wie viel wofür?
- ❒ Führt der Vertragserrichter die Abgaben und Gebühren im Selbstberechnungsverfahren ab?

Kaufpreisabsicherung
- ❒ Treuhandvereinbarung; wann soll welcher Teilbetrag ausbezahlt werden?
- ❒ Rangordnungsbeschluss
- ❒ Vormerkung des Eigentumsrechtes
- ❒ Lastenfreistellung
- ❒ Genehmigung der Grundverkehrskommission
- ❒ Verbücherung des Eigentumsrechtes

Übergabezeitpunkt und Lastenübergang
- ❒ Unmittelbar nach Kaufvertragsunterzeichnung oder erst später?

- ❒ Soll die Genehmigung der Grundverkehrskommission abgewartet werden? (Danach richtet sich auch der Verrechnungsstichtag für Abgaben, Gebühren und Verbrauchskosten.)

Übergabe von Urkunden

- ❒ behördliche Genehmigungen und Bewilligungen samt Plänen
- ❒ Energieausweis
- ❒ Befunde
- ❒ Rechnungen zur Geltendmachung von (abgetretenen) Gewährleistungsansprüchen

Übergabe von Urkunden bei einer Miteigentümeranlage

- ❒ Wohnungseigentumsvertrag
- ❒ Vereinbarungen über die Kostenverteilung gemeinschaftlicher Aufwendungen
- ❒ Auskunft des Verwalters über eine Reparaturrücklage und eventuelle Zahlungsrückstände anderer Miteigentümer

NOTIZEN

Erwerb einer Liegenschaft

– Kaufvertrag
– Hauskauf im Versteigerungsverfahren

Kaufvertrag

Damit Sie Eigentümer oder Miteigentümer einer Liegenschaft werden, müssen Sie

- einen Kaufvertrag unterzeichnen sowie
- die Eintragung des Eigentumsrechtes im Grundbuch beantragen. Auf diesen Punkt müssen Sie besonders achten, denn erst mit der grundbücherlichen Eintragung werden Sie (Mit-)Eigentümer der Liegenschaft.

Empfehlenswert ist eine professionelle Vertragserrichtung durch einen Rechtsanwalt oder Notar

Mit dem Kaufvertrag halten Käufer und Verkäufer das zunächst nur mündlich Besprochene schriftlich fest. Wie bereits erwähnt, kann ein Kaufvertrag auch mündlich zustande kommen oder in Form eines schriftlichen Anbots des Käufers, das vom Verkäufer angenommen wird. Wir empfehlen grundsätzlich, verbindliche Erklärungen erst nach bzw. im Rahmen eines gemeinsamen Informationsgesprächs beim Vertragserrichter (Rechtsanwalt oder Notar) abzugeben.

Erfragen Sie das Honorar bereits im Vorhinein

Ein Kaufvertrag kann zwar von jedermann erstellt werden, doch ist es im Regelfall empfehlenswert, einen Rechtsanwalt oder Notar mit der Vertragserrichtung zu beauftragen. Diese Vertreter der rechtskundigen Berufe trifft eine besondere Aufklärungs-, Informations- und Sorgfaltspflicht gegenüber beiden Vertragspartnern. Liegt eine Pflichtverletzung vor, so haftet der Vertragserrichter für einen entstandenen Schaden. Bevor Sie einen Rechtsanwalt oder Notar endgültig beauftragen, sollten Sie die voraussichtliche Höhe seines Honorars abklären (► Seite 64). Beglaubigt sein müssen nur die Unterschriften von Käufer und Verkäufer auf dem Kaufvertrag. Alle Notare und Bezirksgerichte nehmen Beglaubigungen vor.

Besser mit Anwalt

Sind Sie sich über die Tragweite aller Kaufvertragsbestimmungen im Klaren? Wenn Sie auf Nummer sicher gehen wollen und es um viel Geld geht, beauftragen Sie besser einen Anwalt oder Notar, damit er Ihre Interessen wahrt und Sie vor nachteiligen Vertragsbestimmungen schützt.

Fragen stellen!

Wissen Sie immer, welche Konsequenzen bestimmte Vereinbarungen haben können? Scheuen Sie sich nicht, Fragen zu stellen! Auch wenn ein Rechtsanwalt oder Notar nur von einer Vertragspartei mit der Vertragserstellung beauftragt wurde, ist er beiden Teilen zur Aufklärung verpflichtet.

Die Kosten der Vertragserrichtung trägt meist der Käufer

Beim Immobilienkauf ist es üblich, dass der Käufer die Kosten der Vertragserrichtung trägt – Abweichendes kann freilich vereinbart werden.

Wurde ein Kaufanbot gelegt, so ist dieses die Grundlage für den abzuschließenden Kaufvertrag. Daraus ergibt sich die Notwendigkeit, bereits in das Anbot oder einen Vorvertrag alle wichtigen Punkte und Zusicherungen des Verkäufers aufzunehmen. Da es sich meist um größere Geldbeträge handelt und dem schriftlichen Kaufvertrag eine hohe Beweiskraft zukommt, sollten auch tatsächlich alle Bedingungen oder gegenseitigen Zusicherungen klar formuliert sein.

Die wichtigsten Vertragspunkte

Gehen Sie bei der Vertragserrichtung besonders sorgfältig vor. Nehmen Sie alle Punkte, die für Sie wesentlich sind, in das Dokument auf. Das erspart Ihnen Ärger und nachträgliche Diskussionen.

Name und Ort

Im Kaufvertrag müssen die Namen der Vertragspartner und die genaue Bezeichnung der Liegenschaft angeführt sein. Wird mit dem Liegenschaftsanteil auch ein damit verbundenes Recht, z.B. das Wohnungseigentum an einem bestimmten Einfamilienhaus, mit übertragen, so ist dies ebenfalls anzuführen.

Schriftliche Absicherung

Wird vom Verkäufer ein bestimmter Zustand der Liegenschaft oder des Gebäudes versprochen, halten Sie diese Zusicherung im Kaufvertrag exakt fest. Das ist die Grundlage für spätere Gewährleistungsansprüche gegen den Verkäufer (► Seite 126). Dazu gehören die Erklärungen, dass keine außerbücherlichen Dienstbarkeiten bestehen, dass das Haus nicht vermietet ist oder dass der Verkäufer für den Bodenzustand der Liegenschaft (keine Verunreinigungen durch Abfälle) haftet. Auch die Beteuerung, dass die elektrische Anlage des Hauses in Ordnung ist, soll hier aufgenommen werden. Hat sich der Verkäufer noch zur Einholung von Überprüfungsbefunden, z.B. eines Kaminbefundes, verpflichtet, ist dieser Punkt zu Ihrer Absicherung auch in den Kaufvertrag aufzunehmen.

Bestehen Sie auf der schriftlichen Aufnahme mündlicher Zusagen

Energieausweis

Wie bereits auf ► Seite 82 erwähnt, gibt es auch die Verpflichtung des Verkäufers, binnen 14 Tagen nach Abschluss des Kaufvertrages eine Kopie des Energieausweises an den Erwerber zu übergeben. Im Regelfall wird der Energieausweis gemeinsam mit den anderen Überprüfungsbefunden über die technische Infrastruktur des Hauses übergeben werden. Es empfiehlt sich jedenfalls, einen entsprechenden Passus ausdrücklich auch in den Kaufvertrag aufzunehmen, damit klargestellt wird, wann die Übergabe spätestens zu erfolgen hat.

Inventarliste

Soll das Haus mit Einrichtungsgegenständen erworben werden, fügen Sie eine Liste aller Einrichtungen an (z.B. ein Küchenverbau, eine Schrankwand etc.). Bewerten Sie die Einrichtungsgegenstände realistisch und nennen Sie keine Fantasiebeträge, nur um Steuer und Gebühren zu sparen.

Kündigung erlaubt

Als neuer Hauseigentümer können Sie eine bestehende Hausversicherung binnen eines Monats nach Eintragung Ihres Eigentumsrechtes im Grundbuch ohne Angabe von Gründen kündigen. Holen Sie mehrere Angebote zu Eigenheimversicherungen ein, vielleicht finden Sie ein günstigeres Angebot.

Terminvereinbarung

Benützt der Verkäufer das Haus noch selber, muss ein (spätester) Übergabetermin fixiert werden. Ebenso ein Termin, bis wann der Verkäufer seine Sachen (Möbel etc.) entfernen muss. Zur Absicherung, dass der Verkäufer diese Termine auch einhält, vereinbaren Sie ein Pönale (Vertragsstrafe). Der Verkäufer verpflichtet sich für den Fall der Nichteinhaltung der vereinbarten Termine, für jeden Tag oder jede Woche Verspätung einen bestimmten Betrag pauschal als Schadenersatz zu bezahlen.

Schuldenübernahme

Fixieren Sie, ob die Liegenschaft mit eingetragenen Pfandrechten (Wohnbauförderung) oder lastenfrei erworben wird. Falls Sie Schulden übernehmen, geben Sie die genaue Höhe an, und stellen Sie sicher, dass auch der Gläubiger der Schuldübernahme zustimmt. Auch andere Lasten und Verbindlichkeiten, die mit der Liegenschaft zusammenhängen und vom Käufer übernommen werden sollen, sind im Kaufvertrag anzuführen. Das sind beispielsweise Versicherungsverträge. Ebenso ist ein Stichtag für die Verrechnung der Gebühren und Abgaben anzugeben.

Klären Sie unbedingt, welche Lasten auf Sie zukommen

Finanzierung

Geben Sie genau an, wie Sie die Kaufsumme aufbringen (Barmittel, Darlehen etc.) und bis wann der Kaufpreis beim Treuhänder einlangen muss. Bedenken Sie, dass die Bank bei einer (teilweisen) Darlehensfinanzierung ebenfalls einige Tage bis zur Auszahlung brauchen wird. Treffen Sie eine klare Regelung, unter welchen Bedingungen der Treuhänder den erlegten Kaufpreis an den Verkäufer ausbezahlen darf (Näheres zur Treuhandvereinbarung finden Sie auf ▶ Seite 113).

Grundbuch

Vergessen Sie nicht auf die Aufsandungserklärung. Sie ist das Einverständnis des Verkäufers, dass die Eintragung des Eigentumsrechtes zugunsten des Käufers im Grundbuch erfolgen kann.

Rangordnungsbescheid

Haben Sie sich mit Ihrem Vertragspartner geeinigt, wollen Sie als Käufer natürlich sichergehen, dass Sie nach Bezahlung des Kaufpreises auch wirklich im Grundbuch eingetragen werden, was aber einige Zeit in Anspruch nehmen kann. Der Verkäufer dagegen will die Sicherheit, dass ihm die Kaufsumme auch tatsächlich zukommt.

Hat ein Eigentümer die Absicht, seine Liegenschaft zu veräußern, so kann er beim Grundbuchgericht einen Rangordnungsbescheid beantragen. Dieser Bescheid wird nur in einfacher Ausfertigung ausgestellt, ist zwölf Monate lang gültig und wird im Grundbuch beim jeweiligen Liegenschaftsanteil angemerkt. Innerhalb der Gültigkeitsdauer kann nur derjenige das Eigentumsrecht an der Liegenschaft erwerben, der im Besitz dieses Bescheides ist.

Der Rangordnungsbescheid schützt Sie vor einem Doppelverkauf

Bekommen Sie als Käufer den Rangordnungsbescheid, haben Sie die Sicherheit, dass keine andere Person im Grundbuch als neuer Eigentümer eingetragen wird (Gefahr des Doppelverkaufes). Sie können daher dem Verkäufer den Kaufpreis gegen Übergabe des Rangordnungsbescheides auszahlen.

Der Rangordnungsbescheid hat aber noch einen weiteren Vorteil: Er gibt Ihnen die Sicherheit, dass Belastungen, die erst nach seiner Ausstellung im Grundbuch eingetragen werden, gegen Sie nicht wirksam werden. Wird Ihr Eigentumsrecht im zeitlich früheren Rang des Rang-

Auf Nummer sicher

Eine unbelastete Liegenschaft mit einer eigenen Einlage im Grundbuch wird gegen Barzahlung veräußert. Auf Käufer- und Verkäuferseite ist jeweils nur eine Person beteiligt. Der Verkäufer übergibt dem Käufer bei Vertragsunterfertigung das Original eines „Rangordnungsbescheides für die beabsichtigte Veräußerung" und erhält dafür die Kaufsumme. Damit hat der Käufer die Sicherheit, dass der Anteil nicht neuerlich verkauft werden kann. Diese einfache Form ist jedoch nur mehr in den Fällen möglich, wo keine verwaltungsbehördliche Genehmigung des Kaufvertrages einzuholen ist (► Seite 115). In allen anderen Fällen ist der Abschluss einer Treuhandvereinbarung zwar nicht unumgänglich, aber sehr zu empfehlen!

ordnungsbescheides eingetragen, können Sie derartige Belastungen löschen lassen.

Im Minsterialentwurf zu einer Grundbuchs-Novelle 2012 ist derzeit die Neueinführung einer Rangordnung zugunsten einer bestimmten Person vorgesehen. Dahinter steht folgende Überlegung: Steht der Käufer bereits fest und wurde noch kein (allgemeiner) Rangordnungsbescheid ausgestellt, so soll es dem Verkäufer möglich sein, einen Rangordnungsbescheid gleich zugunsten des Käufers beim Grundbuchsgericht zu beantragen. Wird dieses Gesetzesvorhaben umgesetzt, so stehen in der Zukunft zwei Möglichkeiten zur Absicherung durch Rangordnungsbescheide offen.

Treuhandvereinbarung

Als Treuhänder kommen vor allem Rechtsanwälte und Notare in Betracht, im Regelfall wird der Treuhänder auch mit der Vertragserrichtung beauftragt. Bei einer Treuhandvereinbarung wird der Treuhänder vom Treugeber beauftragt, ihm übertragene Rechte nur unter bestimmten Bedingungen auszuüben. Zur Verdeutlichung ein Beispiel: Sie als Käufer und Treugeber beauftragen einen Rechtsanwalt als Treuhänder, die bei ihm hinterlegte Kaufsumme erst dann an den Verkäufer auszufolgen, wenn dem Treuhänder der Rangordnungsbescheid vorliegt und Ihr Eigentumsrecht im Grundbuch vorgemerkt ist oder – noch besser – nachdem die Verbücherung des Kaufvertrages erfolgt ist.

Ein Treuhänder dient der Absicherung beider Vertragspartner

Diese Vorgangsweise mit Einschaltung eines Treuhänders ist vor allem dann wichtig, wenn aus Ihrem Kaufpreis zunächst Schulden des Verkäufers beglichen werden sollen, damit Sie einen lastenfreien Anteil bzw. eine lastenfreie Liegenschaft erwerben können. Ebenso ist diese Form zu empfehlen, wenn der Kaufvertrag unter einer aufschiebenden Bedingung geschlossen worden ist: Sie wollen ein Grundstück erwerben, der Verkauf bedarf aber der Bewilligung der Landesgrundverkehrsbehörde. In diesem Fall ist nach der Kaufvertragsunterfertigung die Zustimmung der Landesbehörde zum Verkauf einzuholen. Erst wenn diese einer Übertragung zustimmt, wird der Kauf gültig und kann danach im Grundbuch eingetragen werden.

Sicherheit für beide Seiten

Durch die Zahlung des Kaufpreises an den Treuhänder kann der Verkäufer sicher sein, dass er bei einer Genehmigung des Kaufvertrages die Kaufsumme erhält, der Käufer hingegen, dass bei einer Nichtgenehmigung der erlegte Kaufpreis wieder an ihn ausgefolgt wird.

Besonders kompliziert wird der Kaufvorgang, wenn Sie als Käufer den Erwerb mit einem eigenen Darlehen (teil)finanzieren wollen. Hier müssen Sie zunächst mit Ihrer Bank oder Sparkasse einen Darlehensvertrag abschließen. Danach bestellt die Bank einen Treuhänder, im Regelfall den von Ihnen namhaft gemachten Vertragserrichter. Dieser darf den Betrag erst dann auszahlen, wenn das Pfandrecht im Grundbuch eingetragen ist. Damit wird gleichzeitig mit der Eintragung Ihres Eigentumsrechtes auch das Pfandrecht als Belastung Ihrer Liegenschaft im Grundbuch vermerkt.

Je genauer die Modalitäten festgehalten werden, desto größer die Sicherheit für Käufer und Verkäufer

Eine Treuhandvereinbarung wird meist gleich in den Kaufvertrag mit aufgenommen, sie kann aber auch gesondert getroffen werden. In jedem Fall sind die genauen Bedingungen für die Übergabe des erlegten Kaufpreises festzulegen. Ebenso die Form der Rückabwicklung, wenn der Kaufvertrag nicht genehmigt wird oder es aus anderen Gründen zu keiner Grundbucheintragung kommt.

Vergessen Sie nicht auf die Regelung, welchem der Vertragspartner die während des Treuhanderlages auflaufenden Habenzinsen zustehen sollen. Solange der Verkäufer die Liegenschaft noch nicht übergeben hat, sondern selbst nutzt, werden die Zinsen Ihnen als Käufer bleiben, ansonsten dem Verkäufer.

Zug um Zug

Vereinbaren Sie im Rahmen eines Treuhandauftrages, dass der von Ihnen beim Treuhänder erlegte Kaufpreis erst dann an den Verkäufer ausgefolgt werden darf, wenn

- vom Verkäufer der Rangordnungsbescheid vorgelegt und Ihr Eigentumsrecht im Grundbuch vorgemerkt worden ist oder
- Ihr (lastenfreies) Eigentumsrecht im Grundbuch bereits eingetragen ist. Das ist die für Sie sicherste Lösung.

Muss der Verkäufer die Liegenschaft erst räumen oder hat er sich noch zu bestimmten Handlungen verpflichtet (z.B. Einholung eines Kaminbefundes), kann ein Kaufpreisrest erst nach Erfüllung dieser Verpflichtungen ausbezahlt werden. Haben Sie ein Pönale für Terminüberschreitungen vereinbart, dann stellen Sie sicher, dass das Pönale gleich vom Kaufpreisrest abgezogen werden kann. Der Treuhänder überweist dann den Pönalebetrag an Sie zurück, und Sie müssen sich nicht extra darum streiten.

Absicherung von Treuhandgeldern

Möglicher Veruntreuung soll durch neue Sicherungsmaßnahmen vorgebeugt werden

Da in den letzten Jahren immer wieder Fälle der Veruntreuung von übernommenen Treuhandgeldern auch durch Rechtsanwälte und Notare vorgekommen sind, haben die Notariatskammer und die Rechtsanwaltskammern eigene Sicherungsmaßnahmen ergriffen. Alle Notare sind verpflichtend im notariellen Treuhandregister erfasst. Die einzelnen Rechtsanwaltskammern haben für ihre Mitglieder gesonderte anwaltliche Treuhand-Einrichtungen geschaffen. Jedem Treugeber ist der Inhalt des Statutes der Treuhand-Einrichtung vom Anwalt nachweislich zur Kenntnis zu bringen. Fragen Sie den beauftragten Rechtsanwalt oder Notar, wie Ihr Treuhanderlag abgesichert wird.

Genehmigungspflicht von Kaufverträgen

Die Bundesländer haben die Kompetenz erhalten, Landesgesetze zu beschließen, die den gesamten Liegenschaftsverkehr betreffen. Damit kann jeder Grundstücksverkauf genehmigungspflichtig werden. Für folgende Fälle bestehen derzeit recht unterschiedliche Regelungen in den einzelnen Bundesländern:

Grunderwerb durch Ausländer

Er ist in allen Bundesländern genehmigungspflichtig. Bürger aus EWR-Mitgliedsstaaten sind aber den österreichischen Staatsbürgern gleichgestellt.

Land- und forstwirtschaftlicher Grundverkehr

Der Kauf dieser Grundstücke bedarf in allen Bundesländern mit Ausnahme von Wien einer besonderen Genehmigung.

Baugrundstücksverkehr

Unterschiedliche Regelungen in den einzelnen Bundesländern

Der Erwerb dieser Grundstücke ist in allen Bundesländern mit Ausnahme von Wien und Niederösterreich gesondert geregelt. Achtung: Die Regelungen beim Baugrundstücksverkehr wurden von den einzelnen Ländern völlig unterschiedlich getroffen. In manchen Bundesländern bedarf es einer ausdrücklichen behördlichen Zustimmung, in anderen genügt die Abgabe einer Erklärung des Käufers.

Sonderregelungen gibt es jeweils beim Erwerb von Freizeitwohnungen bzw. Grundstücken in besonders ausgewiesenen Zweitwohnungsgebieten.

Zusammenfassung

- **Von mündlich zu schriftlich.** Mit einem Kaufvertrag halten Sie als Käufer fest, worauf Sie sich mit dem Verkäufer bereits mündlich geeinigt haben.
- **Sorgfalt macht sich bezahlt.** Nehmen Sie alle für Sie wichtigen Punkte in den Vertrag auf. Das schützt vor bösen Überraschungen.
- **Professionelle Betreuung.** Geht es um viel Geld, beauftragen Sie einen Anwalt oder Notar mit der Vertragserrichtung. Klären Sie vorher, wie viel Honorar dafür anfällt.
- **Sicherheit für beide Seiten.** Sie wollen ins Grundbuch, der Verkäufer sein Geld: Rangordnungsbescheid und Treuhandvereinbarung schützen beide Vertragspartner.

Hauskauf im Versteigerungsverfahren

Immer wieder werden auch Einfamilienhäuser gerichtlich versteigert. Der häufigste Grund für eine Versteigerung sind nicht mehr begleichbare Schulden. Daneben kommt es aber auch aufgrund von Erbschaftsstreitigkeiten, Scheidungen und Teilungsklagen (► Seite 14) zur Versteigerung von Liegenschaften bzw. Liegenschaftsanteilen.

Vom Bezirksgericht durchgeführt

Das Versteigerungsverfahren wird vom örtlich zuständigen Bezirksgericht durchgeführt. Für Interessenten sind die Versteigerungsbedingungen und das Schätzgutachten wichtig.

In den Versteigerungsbedingungen werden die näheren Umstände angegeben, unter denen die Versteigerung durchgeführt werden soll. Dazu gehören z.B. Lasten, die vom Ersteher zu übernehmen sind, und die

Sind Ihnen sämtliche Lasten bekannt?

Bestimmte Forderungen muss der Erwerber auch dann befriedigen, wenn sie im Gutachten nicht genannt werden. Dabei handelt es sich um Abgabenschulden des Verpflichteten betreffend die Liegenschaft: Wasser- und Kanalgebühren, Grundbesitzabgabe und Müllgebühr. Reicht das Meistbot nicht aus, muss sie der Erwerber zusätzlich bezahlen. Achten Sie daher darauf, ob die Gemeinde (der Verband) eine Forderungsanmeldung im Verfahren erstattet hat.

Sonderregelung bei Wohnungseigentum: Gerät ein Wohnungseigentümer mit seinen laufenden Zahlungen an die Hausverwaltung in Rückstand und wird deshalb binnen sechs Monaten geklagt, so handelt es sich um bevorzugte Forderungen. Finden sie im Meistbot keine Deckung, sind sie vom Ersteher zusätzlich zu übernehmen.

Gültiger Mietvertrag – ja oder nein? Im Verfahren über die Versteigerung einer Liegenschaft nimmt das Exekutionsgericht keine genaue Prüfung vor, ob ein gültiger Mietvertrag vorliegt oder nicht. Im Gutachten findet sich häufig der Passus „Eine Vermietung ist nicht bekannt" oder „Es liegt ein Mietvertrag über das Objekt vom … vor (siehe Beilage)". Auf jeden Fall gilt: An gültige Mietverträge ist prinzipiell auch der Erwerber gebunden! Mietverträge über Einfamilienhäuser mit einem Mietbeginn nach dem 31. Dezember 2001 können jedoch vom Erwerber gemäß § 1121 ABGB aufgekündigt werden.

Keine Gewährleistung

Bei Versteigerungen gilt: „Erworben, wie es liegt und steht." Im Unterschied zum normalen Hauskauf ist hier jede Gewährleistung ausgeschlossen.

Höhe des „geringsten Gebotes". Ebenso werden hier die Zahlungsbedingungen für den Ersteher angeführt. Üblicherweise ist die Zahlung binnen zwei Monaten an das Gericht zu leisten.

Ein gerichtlich beauftragter Sachverständiger erstellt das Schätzgutachten

Vom Gericht wird ein Sachverständiger mit der Erstellung eines Schätzgutachtens über den Wert der Liegenschaft samt dem darauf befindlichen Gebäude beauftragt. Ist die Liegenschaft mit Rechten belastet, die vom Ersteher zu übernehmen sind, z.B. Wegerechte, so sind diese bei der Ermittlung des Schätzwertes zu berücksichtigen. Im Schätzgutachten wird aber nicht nur der Wert der Liegenschaft angegeben, sondern diese auch beschrieben. Weiters sind in dem Gutachten Pläne (Lage- und Grundrissplan) und Fotos enthalten.

Fundgrube Ediktsdatei

Sobald vom Gericht ein Versteigerungstermin festgesetzt worden ist, wird er öffentlich kundgemacht. Seit 2002 geschieht dies in der sogenannten Ediktsdatei, die über das Internet kostenlos abgefragt werden kann (► Seite 30).

Haben Sie in der Ediktsdatei ein für Sie interessantes Objekt gefunden, sollten Sie unbedingt in die vollständigen Versteigerungsbedingungen und das gesamte Schätzgutachten Einsicht nehmen. Diese Unterlagen liegen nur beim zuständigen Bezirksgericht auf und können dort – gegen Kostenersatz – auch kopiert werden. **Hinweis:** In der Ediktsdatei wird meistens nur eine Kurzfassung des Schätzgutachtens veröffentlicht.

Der nächste Schritt ist die tatsächliche Besichtigung des Hauses. Entweder wurden bereits vom Gericht Besichtigungstermine festgesetzt, oder Sie müssen mit dem Verpflichteten, dem bisherigen Eigentümer, direkt eine Terminvereinbarung treffen. Er ist verpflichtet, Interessenten die Besichtigung der Liegenschaft und des Hauses zu gestatten. Kommt es hier zu Problemen, verständigen Sie direkt das Gericht, damit dieses einen Besichtigungstermin festsetzt.

Versuchen Sie bei einer Besichtigung möglichst viele Informationen über das Haus zu erhalten. Nehmen Sie unbedingt einen Fachmann (Baumeister, Installateur etc.) mit. Manchmal wissen auch die Nachbarn Bescheid über Mängel des Hauses, nachfragen schadet daher nicht.

Bei einem Erwerb im Rahmen einer Versteigerung gibt es keine Gewährleistung! Selbst verborgene Mängel können im Nachhinein nicht mehr geltend gemacht werden. Auch der Gutachter haftet Ihnen nur dann für Vermögensschäden, wenn er bei der Erstellung des Gutachtens schuldhaft Fehler gemacht hat.

Keine Gewährleistung bei Versteigerungen!

Wollen Sie an einer Versteigerung teilnehmen und mitbieten, müssen Sie Folgendes zum Ablauf beachten:

Ausweis und Vollmacht

Alle Teilnehmer müssen sich ausweisen und ihre Staatsbürgerschaft nachweisen. Ausländische Staatsbürger, die nicht aus einem EWR-Mitgliedstaat kommen, benötigen im Regelfall die Zustimmung der Grundverkehrskommission des jeweiligen Bundeslandes für den Liegenschaftserwerb. Diesbezüglich müssen Sie auf der Bezirkshauptmannschaft bzw. am Magistrat nachfragen. Wollen Sie ein Objekt gemeinsam mit Ihrem Partner erwerben, müssen Sie ausdrücklich darauf hinweisen, dass Sie gemeinsam bieten wollen. Wenn Sie nicht gemeinsam bei der Versteigerung anwesend sind, braucht der Partner eine beglaubigte Vollmacht. Dasselbe gilt, wenn Sie einen Vertreter zur Versteigerung schicken. Ihr Vertreter braucht eine beglaubigte Vollmacht für die Versteigerung und muss außerdem angeben, dass er nur als Vertreter mitbietet.

Geringstes Gebot

Die Versteigerung beginnt beim sogenannten geringsten Gebot. Das geringste Gebot beträgt bei Zwangsversteigerungen in der Regel die Hälfte des Schätzwertes und wird bereits in den Versteigerungsbedingungen bekanntgegeben. Bei freiwilligen Versteigerungen, z.B. im Zuge eines Erbschaftsverfahrens, wird dagegen das geringste Gebot oft in gleicher Höhe wie der Schätzwert festgesetzt.

Hinweis

Beträgt der Schätzwert beispielsweise 167.000 Euro, so beträgt das Vadium 16.700 Euro. Legen Sie dafür ein einziges Sparbuch vor, muss es auf Ihren Namen legitimiert sein. Sie haben aber auch die Möglichkeit, zwei oder mehrere Sparbücher mit Losungswort mit einer Gesamteinlage von mehr als 16.700 Euro als Vadium vorzulegen. Oft werden die Teilnehmer vom Richter schon zu Beginn der Versteigerung aufgefordert, die Sparbücher mit dem jeweils erforderlichen Vadium vorzulegen. Stellt sich nämlich nach dem Zuschlag an den Meistbietenden heraus, dass dieser das erforderliche Vadium nicht vorlegen kann, muss die Versteigerung wiederholt werden. Über den Säumigen kann überdies eine Geldstrafe verhängt werden.

Wer bietet mehr?

Das Gericht kann bestimmte Mindestbeträge für die Anbotserhöhung vorgeben

Nachdem der Richter zum Bieten aufgefordert hat, können alle Teilnehmer ihre Anbote abgeben. Dies geschieht mündlich und wird vom Richter protokolliert. Ausgehend vom höchsten Anbot wird dann gefragt, ob einer der Teilnehmer mehr bietet. Um die Versteigerung zügig abzuwickeln, kann der Richter bestimmte Beträge vorgeben, um die das letzte Anbot jeweils überschritten werden muss, um weiterbieten zu können. Diese Betragsstufen dürfen höchstens drei Prozent des Schätzwertes betragen. Bei einem Schätzwert von 100.000 Euro sind das daher höchstens 3.000 Euro.

Zum Ersten, zum Zweiten ...

Wenn nach zweimaliger Aufforderung durch den Richter kein weiteres Anbot abgegeben wird, steht der Meistbietende fest. Sein Angebot heißt das Meistbot.

Anzahlung

Der Meistbietende muss jetzt eine Sicherheitsleistung, das sogenannte Vadium, erlegen. Dieses beträgt zehn Prozent des Schätzwertes und ist in Form eines Sparbuchs dem Richter zu übergeben. Das Vadium kann nur in Form eines Sparbuches übergeben werden! Es ist eine Art Anzahlung auf das zu leistende Meistbot. Sparbücher mit einer Einlage von weniger als 15.000 Euro können auch als Sparbuch mit Losungswort übergeben werden. Sparbücher mit einer Einlagenhöhe ab 15.000 Euro müssen als Namenssparbuch (legitimiert auf den Ersteher) übergeben werden.

Zuschlag

Wird seitens der Anwesenden kein Widerspruch gegen die Erteilung des Zuschlags an den Meistbietenden erhoben, wird diesem der Zuschlag erteilt. Die Zuschlagserteilung (Name des Erstehers und Höhe des Meistbotes) wird auch in der Ediktsdatei veröffentlicht. Ist ein Überbot zulässig, wird auch dieser Umstand in der Datei vermerkt.

Mit Vorbehalt

Nur mit Vorbehalt wird der Zuschlag erteilt, wenn für die Eigentumsübertragung eine Genehmigung der Grundverkehrskommission des Landes erforderlich ist (► Seite 115). In diesem Fall muss sich der Ersteher zunächst um die Genehmigung durch die Grundverkehrskommission bemühen.

Fristgerecht zahlen

Mit dem Zuschlag erwirbt der Meistbietende das Eigentum an der versteigerten Liegenschaft. Dieser Eigentumserwerb ist zunächst auflösend bedingt, weil das Eigentumsrecht erlischt, wenn das Meistbot vom Ersteher nicht binnen der vorgesehenen Frist erfüllt wird. Ebenso, wenn gegen die Zuschlagserteilung ein Rekurs erhoben und diesem stattgegeben wird.

Überbot

Auch wegen eines sogenannten Überbotes kann der endgültige Eigentumserwerb versagt bleiben. Ein Überbot kann jeder Interessierte unter folgenden Voraussetzungen bei Gericht einbringen:

- Das Meistbot in der Versteigerung lag unter drei Viertel des Schätzwertes. Beispiel: Das Meistbot betrug nur 65.000 Euro bei einem Schätzwert von 100.000 Euro.
- Das Überbot muss das Meistbot um mindestens ein Viertel übersteigen. Für unser Beispiel heißt das: Das Überbot muss auf mindestens 81.250 Euro lauten, wenn das Meistbot 65.000 Euro betragen hat.
- Das Überbot muss binnen vierzehn Tagen nach Bekanntmachung der Zuschlagserteilung beim Gericht eingebracht werden. Über Aufforderung des Gerichts ist eine Sicherstellung zu leisten.
- Der Überbieter muss alle sonstigen Versteigerungsbedingungen erfüllen.

Nach der Versteigerung kann das Gericht eine Delogierung anordnen

Der Ersteher kann ein Überbot noch entkräften, indem er sein Meistbot auf den Betrag des Überbotes erhöht. In diesem Fall erwirbt er das Eigentum endgültig, andernfalls erwirbt es der Überbieter.

Mit der Versteigerung verliert der frühere Eigentümer auch seine Nutzungsrechte an der Liegenschaft, er muss sie daher räumen. Weigert er sich und verlässt sein Haus oder Grundstück nicht freiwillig, ordnet das Gericht die zwangsweise Räumung (Delogierung) an.

Unverhofftes Schnäppchen

Herr Grabler hat in der Ediktsdatei ein kleines Einfamilienhaus mit einem Schätzwert von 100.000 Euro, geringstes Gebot 50.000 Euro, gefunden. Er hat sich das Gebäude angesehen und die Unterlagen (Versteigerungsbedingungen und Schätzgutachten) bei Gericht kopiert. Da er wegen des günstigen Preises viele Interessenten erwartet, rechnet er sich keine Chancen auf einen Zuschlag unter dem Schätzwert aus und nimmt an der Versteigerung gar nicht teil. Zwei Tage nach der Versteigerung schaut er wieder in der Ediktsdatei nach und sieht, dass der Zuschlag bei 65.000 Euro erfolgt ist, ein Überbot daher noch eingebracht werden kann. Gleich am nächsten Tag fährt er zum Bezirksgericht und bringt ein Überbot mit 82.000 Euro ein. Da der Ersteher sein Anbot nicht erhöht und kein anderes Überbot vorliegt, wird Herrn Grabler der (endgültige) Zuschlag erteilt.

Zusammenfassung

- **Auf Bedingungen achten.** Möchten Sie ein Haus ersteigern, informieren Sie sich über die Versteigerungsbedingungen. Alles über Art und Wert der Liegenschaft erfahren Sie im Schätzgutachten.
- **Öffentlich.** Versteigerungstermine finden Sie in der Ediktsdatei. Die Abfrage über das Internet ist kostenlos.
- **Unter die Lupe nehmen.** Sind Sie an einem Haus interessiert, sehen Sie sich Liegenschaft und Gebäude genau an, denn es gibt keine Gewährleistung!
- **Limit setzen.** Setzen Sie sich vor der Versteigerung ein persönliches Limit, bis zu welchem Betrag Sie mitsteigern wollen. Diesen Betrag müssen Sie auch (kurzfristig) finanzieren können, die Versteigerungsbedingungen legen die Fristen zur Zahlung fest.
- **Ausweis und Geld mitnehmen.** Nehmen Sie zur Versteigerung einen Ausweis (Reisepass) und ein Sparbuch mit einer Einlage von mindestens zehn Prozent des Schätzwertes mit (Vadium).
- **Fall für zwei.** Wollen Sie gemeinsam mit einem Partner ein Haus ersteigern, müssen Sie diesen Umstand dem Gericht zu Beginn mitteilen. Ist Ihr Partner nicht anwesend, brauchen Sie eine beglaubigte Vollmacht von ihm.
- **Nicht irritieren lassen.** Lassen Sie sich von den Mitbietern nicht aus der Ruhe bringen, halten Sie an Ihrem persönlichen Limit fest. Es bieten auch Profis wie Vertreter von Immobilienfirmen und Banken mit.
- **Rückzug unmöglich.** Ihr Anbot gilt, solange kein höheres Anbot gestellt wird. Sie können Ihr Anbot nicht rückgängig machen.

Gewährleistung

– Mängelfreiheit
– Keine Gewährleistung bei Privatkauf
– Gewährleistungsausschluss
– Gewährleistungsfrist
– Gewährleistungsbehelfe

Mängelfreiheit

Der Verkäufer hat verschuldensunabhängig dafür einzustehen, dass das Kaufobjekt bei Übergabe keine Mängel aufweist. Ein Mangel liegt vor, wenn das Kaufobjekt nicht dem vereinbarten Zustand entspricht, also zugesicherte oder gewöhnlich vorausgesetzte Eigenschaften fehlen. Welche Eigenschaften als gewöhnlich vorausgesetzt gelten, kann bei älteren Gebäuden (Dimensionierung von Energieleitungen) fraglich sein. Neben dem Alter des Hauses wird hier auch die jeweilige Kaufpreishöhe mitzuberücksichtigen sein

Seit 1. Jänner 2009 sieht das Energieausweis-Vorlagegesetz eine Verpflichtung des Verkäufers zur Einholung eines Energieausweises und Übergabe an den Käufer vor, widrigenfalls eine dem Alter und der Art des Gebäudes entsprechende Gesamtenergieeffizienz als vereinbart gilt. Kann diese Verpflichtung im Privatgeschäft derzeit noch umgangen werden, soll dies mit der Neuregelung (voraussichtlich ab 1.12.2012) nicht mehr möglich sein (Näheres ► Seite 82).

Keine Gewährleistung bei offenen Mängeln

Keine Gewährleistung besteht für sogenannte offene Mängel. Das sind Mängel, die bereits bei der Vertragserklärung des Käufers vorhanden und leicht erkennbar waren, wie z.B. grobe Verputzschäden an der Hausfassade. Auch im Grundbuch eingetragene Belastungen wie etwa Pfandrechte gelten als leicht erkennbare offene Mängel. In solchen Fällen haftet der Verkäufer nur, wenn er ausdrücklich zugesagt hat, einen bestimmten Zustand (Reparatur der Hausfassade, Lastenfreistellung) herzustellen.

Gewährleistung bei Privatkauf

Anders als bei Geschäften zwischen Unternehmern und Verbrauchern können Gewährleistungsrechte bei Geschäften zwischen Privatpersonen teilweise oder gänzlich ausgeschlossen werden. Dass ein privater Liegenschaftsverkäufer keine volle Gewährleistung einräumen möchte, ist durchaus verständlich. Üblicherweise wird seine Haftung auf bestimmte, im Vertrag eigens angeführte Punkte beschränkt. Ohne eine solche Einschränkung würde der Verkäufer wie ein Unternehmer haften. Beim Ver-

Drüberkleistern sinnlos

Kurz bevor Herr Feist sein Einfamilienhaus zu einem stolzen Preis inseriert, tapeziert er neu, um die massive Grundfeuchtigkeit in den Wänden unsichtbar zu machen. Ein gutgläubiger Käufer wird den Vertrag trotz Gewährleistungsverzichts wegen Irrtum gerichtlich anfechten und Schadenersatz verlangen können.

kauf eines älteren Gebäudes wären damit hohe Risiken verbunden, jeder Vertragserrichter wird daher zu einer Haftungseinschränkung raten.

Vertragliche Klauseln, wonach der Verkäufer „weder für ein bestimmtes Ausmaß noch für eine bestimmte Beschaffenheit der Kaufsache, außer dafür, dass diese satz- und lastenfrei ist", haftet, sind in der Praxis gar nicht so selten. Den Interessen des Käufers ist damit aber nicht immer ausreichend gedient. Abgesehen davon, dass die Liegenschaft frei von bücherlichen und außerbücherlichen Lasten sowie Bestandrechten und sonstigen Nutzungsrechten Dritter ist, sollte der Verkäufer jedenfalls auch dafür haften, dass sämtliche baubehördliche Bewilligungen vorliegen und alle öffentlich-rechtlichen Verpflichtungen und Auflagen erfüllt sind.

Welche Haftungen sollten nicht ausgeschlossen werden?

Darüber hinaus können Sie versuchen, weitere Haftungspunkte auszuhandeln (Zustand von Boden, Heizung, Leitungen, Küchengeräten etc.). Alle mündlichen Zusicherungen des Verkäufers sind in die Vertragsurkunde aufzunehmen. Je höher der Kaufpreis ist, desto umfangreichere

Müllkippe im Garten

Eine Liegenschaft, die aus Garten und Einfamilienhaus besteht, wird privat verkauft. Für die Beschaffenheit der Liegenschaft wurde keine Gewähr geleistet. Wie sich herausstellt, ist das Erdreich des Gartens durch frühere Problemstofflagerungen mit Giftstoffen angereichert. Der Käufer möchte die Kosten der Mängelbehebung ersetzt bekommen. Hat der private Verkäufer die Liegenschaft aber selber bereits in diesem Zustand gekauft und von der Kontaminierung weder gewusst noch wissen müssen, wird er mangels Verschulden auch nicht für den Schaden haften.

Zusagen dürfen Sie als Käufer erwarten. Auch der zu übergebende Energieausweis sollte in die Vertragsurkunde aufgenommen werden.

Schadenersatz bei arglistiger Täuschung

Mit einem vertraglichen Gewährleistungsausschluss hat der Käufer aber nicht alle seine Rechte verloren. In manchen Fällen, vor allem, wenn ein Verkäufer Aufklärungspflichten verletzt oder einen Mangel arglistig verdeckt hat, kann ein Schadenersatzanspruch gegeben oder eine Irrtumsanfechtung möglich sein.

Anders stellt sich die Situation dar, wenn der Verkäufer den Mangel selber nicht gekannt hat. Schadenersatz setzt nämlich immer ein Verschulden voraus.

Abtretung von Gewährleistungsansprüchen

Mitunter wird ein Einfamilienhaus zu einem Zeitpunkt verkauft, an dem die Gewährleistungsfrist des privaten Verkäufers gegenüber dem Bauunternehmen oder einem Handwerker noch nicht abgelaufen ist. In solchen Fällen sollten Sie darauf bestehen, dass Ihnen der Verkäufer seine Gewährleistungsansprüche gegenüber seinen früheren Vertragspartnern abtritt und Ihnen die entsprechenden Unterlagen aushändigt. Für den Verkäufer sind mit einer solchen Abtretung keine Nachteile verbunden.

Ansprüche abtreten

Der Verkäufer hat erst wenige Monate zuvor aufwendige Instandsetzungsarbeiten am Dach des Einfamilienhauses durchführen lassen. Als privater Verkäufer möchte er keine Gewährleistung für den Zustand des Daches übernehmen, er erklärt sich aber bereit, seine eigenen Gewährleistungsansprüche aus dem Vertrag mit dem Dachdecker und Spengler an den Käufer abzutreten und übergibt diesem Rechnung und Zahlungsbeleg.

Gewährleistungsfrist

Die gesetzliche Gewährleistungsfrist beträgt bei unbeweglichen Sachen drei Jahre, bei beweglichen Sachen zwei Jahre. Ein Bauwerk samt Verfliesungen, Installationen etc. gilt als unbewegliche Sache, mitgekaufte Möbelstücke hingegen sind bewegliche Sachen.

Die Gewährleistungsfrist beginnt mit der Übergabe (nicht mit Eintragung ins Grundbuch) zu laufen. Eine Ausnahme gibt es nur bei Rechtsmängeln (z.B. Fehlen der behördlichen Benützungsbewilligung), wo die Frist erst mit Erkennbarkeit des Mangels zu laufen beginnt.

Werden Gewährleistungsansprüche vom Verkäufer nicht anerkannt, kann sie der Käufer innerhalb der Verjährungsfrist gerichtlich geltend machen. Vergleichsverhandlungen führen dabei grundsätzlich zu einer Hemmung des Fristenablaufs, d.h. die Zeit, in der verhandelt wird, ist in den Fristenablauf nicht einzuberechnen. Als Käufer sollten Sie sich trotzdem nicht zu lange hinhalten lassen und die dreijährige Frist nicht aus den Augen verlieren.

Bei Ansprüchen aus Gewährleistung auf Verjährungsfrist achten

Sofort reagieren

Sobald ein Mangel hervortritt, beanstanden Sie ihn unverzüglich mittels eingeschriebenem Brief. Erscheint eine Verbesserung durch den Verkäufer möglich und sinnvoll, fordern Sie ihn dazu auf. Setzen Sie eine angemessene Frist. Behalten Sie dabei aber die Gewährleistungsfrist im Auge!

Gewährleistung im Verbrauchergeschäft

Anders als bei einem privaten Hausverkäufer verhält es sich bei Geschäften, die Sie als Konsument mit einem Unternehmer (z.B. Bauträgerunternehmen, Baumeister oder sonstigen Handwerkerfirmen) abschließen. Hier können Gewährleistungsrechte im Vorfeld nicht wirksam beschränkt werden. Der Unternehmer haftet jedenfalls dafür, dass Sie bekommen, was Sie erwarten. Einschränkende vertragliche Klausen wären hier unwirksam.

Beweislast und Gewährleistungsbehelfe

Tritt ein Mangel, für den der Verkäufer haftet, bereits innerhalb der ersten sechs Monate ab Übergabe der Immobilie hervor (z.B. die Heiztherme fällt aus), gilt die gesetzliche Vermutung, dass dieser Mangel bereits bei Übergabe vorhanden war. Den gegenteiligen Beweis müsste der Verkäufer erbringen. Nach Ablauf von sechs Monaten aber tragen Sie als Käufer die Beweislast dafür, dass ein Mangel schon bei Übergabe des Einfamilienhauses vorhanden war.

Primär besteht Anspruch auf Verbesserung, sekundär auf Preisminderung

Im Gewährleistungsfall haben Sie als Käufer zunächst grundsätzlich nur einen Verbesserungsanspruch. Der Verkäufer soll die Gelegenheit bekommen, den Fehler gutzumachen.

Preisminderung (manchmal auch Wandlung) hingegen können Sie als Käufer nur verlangen, wenn die Verbesserung

- nicht (mit wirtschaftlich vertretbarem Aufwand) möglich oder
- dem Käufer nicht zumutbar ist oder
- vom Verkäufer nicht in angemessener Frist durchgeführt wird oder er die Mängelbehebung überhaupt verweigert.

Unter Wandlung ist die Auflösung des Kaufvertrages und Rückabwicklung des Geschäftes zu verstehen. Bei geringfügigen Mängeln kommt Wandlung nie in Frage. Bei Geschäften zwischen Privatpersonen wird die Verbesserung durch den Verkäufer aber oft ausscheiden.

Nicht zumutbar

Familie Klein hat ein Reihenhaus gekauft und vom Maler Schnell neu ausmalen lassen. An einer Wand hat Schnell unregelmäßig gearbeitet, es sind einige Flecken sichtbar. Maler Schnell sagt eine Verbesserung binnen vierzehn Tagen zu. Familie Klein will aber nicht so lange warten, weil die alte Wohnung schon gekündigt ist. Ein Warten auf die Verbesserung wäre mit erheblichen Unannehmlichkeiten verbunden und ist Familie Klein nicht zumutbar. Das Reihenhaus kann sofort bezogen werden, statt der Verbesserung darf Familie Klein gleich eine Preisminderung vom Maler verlangen.

Geld zurück

Frau Grün kauft eine neue Haustüre aus massivem Holz, die als Einzelstück besonders günstig ist. Als sie bei der Lieferung feststellt, dass die Türe einen irreparablen Schaden aufweist (sie ist komplett verzogen), verweigert sie die Annahme. Ein Austausch ist nicht möglich (der Verkäufer hat kein anderes Exemplar mehr auf Lager), weshalb Frau Grün Wandlung (Auflösung des Vertrages) und Geldrückgabe verlangt.

Zusammenfassung

- **Verhandlungssache.** Kaufen Sie ein Haus von einer Privatperson, müssen Sie trotzdem nicht auf alle Gewährleistungsansprüche verzichten. Je höher der Kaufpreis, desto mehr Zugeständnisse können Sie erwarten.
- **Fristen.** Bei unbeweglichen Sachen (Haus samt Installationen) beträgt die Gewährleistung drei Jahre, bei beweglichen Sachen (Möbel) zwei Jahre.
- **Gleich beanstanden.** Bemerken Sie einen Mangel, müssen Sie sofort reagieren, am besten mit einem eingeschriebenen Brief an den Verkäufer.
- **Verbesserung zulassen.** Egal, wie sehr Sie sich über eine verpfuschte Arbeit ärgern: Vor allem einem Unternehmer werden Sie meist Gelegenheit geben müssen, seinen Fehler wieder gutzumachen.

Service

Adressen/Links
Stichwortverzeichnis

Wohnbau-förderungsstellen

Burgenland

Landesamtsdirektion, Raumordnung und Wohnbauförderung
7001 Eisenstadt, Europaplatz 1
Tel. 02682 600 2783
E-Mail: post.wbf@bgld.gv.at www.burgenland.at

Kärnten

Amt der Kärntner Landesregierung, Abt. 4 – Wohnungs- und Siedlungswesen
9021 Klagenfurt, Mießtalerstraße 6
Tel. 050536-30441
E-Mail: post.wohnbau@ktn.gv.at www.wohnbau.ktn.gv.at

Niederösterreich

Amt der niederösterreichischen Landesregierung, Abt. Wohnungsförderung
3109 St. Pölten, Landhausplatz 1
Tel. 02742 9005-0
E-Mail: post.landnoe@noel.gv.at www.noel.gv.at

Oberösterreich

Amt der oberösterreichischen Landesregierung, Abt. Wohnbauförderung
4020 Linz, Bahnhofplatz 1
Tel. 0732 77 20-14143
E-Mail: wo.post@ooe.gv.at www.ooe.gv.at

Salzburg

Amt der Salzburger Landesregierung, Abt. 10 – Wohnungswesen
5010 Salzburg, Fanny-von-Lehnert-Straße 1
Tel. 0662 8042-3710
E-Mail: wohnbaufoerderung@salzburg.gv.at www.salzburg.gv.at www.sir.at

Steiermark

Amt der steiermärkischen Landesregierung, Abt. 15 – Wohnungs- und Siedlungswesen
8010 Graz, Dietrichsteinplatz 15
Tel. 0316 877-3719
E-Mail: a15@stmk.gv.at www.wohnbau.steiermark.at

Tirol

Amt der Tiroler Landesregierung, Abt. Wohnbauförderung
6020 Innsbruck, Eduard-Wallnöfer-Platz 3
Tel. 508-2732
E-Mail: wohnbaufoerderung@tirol.gv.at ww.tirol.gv.at

Vorarlberg

Amt der Vorarlberger Landesregierung, Abt. III d – Wohnbauförderung
6900 Bregenz, Landhaus
Tel. 05574 511-8080
E-Mail: wohnen@vorarlberg.at www.vorarlberg.at

Wien

Magistrat der Stadt Wien, Magistratsabteilung 50
1194 Wien, Muthgasse 62
Tel. (01) 4000-74819
E-Mail: post@ma50.magwien.gv.at www.wien.gv.at www.wohnfonds.wien.at

Senioren- bzw. Altersgerechtes Bauen	weiterführende Links
Land Wien	http://www.wien.gv.at/menschen/barrierefreiestadt/
Land Salzburg	http://www.salzburg.gv.at/barrjuli08.pdf
Kuratorium für Verkehrssicherheit	http://www.kfv.at/heim-freizeit-sport/senioren/altersgerechtes-bauen/
OÖ. Gebiets-krankenkasse – Forum Gesundheit	http://www.forumgesundheit.at/portal27/portal/forumgesundheitportal/channel_content/cmsWindow?p_tabid=3&p_menuid=63344&action=2&p_pubid=129451
Österreichische Arbeitsgemeinschaft für Rehabilitation (ÖAR)	http://www.oear.or.at/barrierefrei-gestalten/barrierefrei-planen-und-bauen
Rechtsanwälte	Österreichischer Rechtsanwaltskammertag 1010 Wien, Tuchlauben 12 Tel. 01 535 12 75-0 Fax 01 535 12 75-13 E-Mail: rechtsanwaelte@oerak.at www.oerak.or.at
Burgenland	7000 Eisenstadt, Marktstraße 3 Tel. 02682 70 45 30 Fax 02682 70 45 31 E-mail: rak.bgld@aon.at
Kärnten	9020 Klagenfurt, Theatergasse 4 Tel. 0463 51 24 25 Fax 0463 51 24 25-15 E-mail: kammer@rechtsanwaelte-kaernten.at www.rechtsanwaelte-kaernten.at
Niederösterreich	3100 St. Pölten, Andreas-Hofer-Straße 6 Tel. 02742 716 50-0 Fax 02742 765 88 E-mail: office@raknoe.at www.raknoe.at
Oberösterreich	4020 Linz, Museumstraße 25 Tel. 0732 77 17 30 Fax 0732 77 90 67-85 E-mail: office@ooerak.or.at www.ooerak.at
Salzburg	5020 Salzburg, Giselakai 43 Tel. 0662 64 00 42 Fax 0662 64 04 28 E-mail: info@srak.at www.srak.at
Steiermark	8010 Graz, Salzamtsgasse 3 Tel. 0316 83 02 90-0 Fax 0316 82 97 30 E-mail: office@rakstmk.at www.rakstmk.at

Tirol

6020 Innsbruck, Meraner Straße 3
Tel. 0512 58 70 67 Fax 0512 57 13 84
E-mail: office@tirolerrak.at www.tirolerrak.at

Vorarlberg

6800 Feldkirch, Marktplatz 11
Tel. 05522 711 22 Fax 05522 711 22 11
E-mail: kammer@rechtsanwaelte-vorarlberg.at www.rechtsanwaelte-vorarlberg.at

Wien

1010 Wien, Rotenturmstraße 13
Tel. 01 533 27 18-0 Fax 01 533 27 18-33
E-mail: office@rakwien.at www.rakwien.at

Notare

Österreichische Notariatskammer
1010 Wien, Landesgerichtsstraße 20
Tel. 01 402 45 09-0 Fax 01 406 34 75
E-mail: kammer@notar.or.at www.notar.at

Wien, Niederösterreich und Burgenland

1010 Wien, Landesgerichtsstraße 20
Tel. 01 402 45 09-0 Fax 01 406 34 75
E-mail: kammer-wnb@notar.or.at

Kärnten

9020 Klagenfurt, Alter Platz 23
Tel. 0463 51 27 97 Fax 0463 51 27 97-4
E-mail: office@ktn-notare.at www.ktn-notare.at/

Oberösterreich

4040 Linz-Urfahr, Schmiedegasse 20
Tel. 0732 73 70 73 Fax 0732 70 80 19
E-mail: oberoesterreich@notariatskammer.at

Salzburg

5020 Salzburg, Ignaz Harrer Straße 7
Tel. 0662 84 53 59 Fax 0662 84 53 59-4
E-mail: salzburg@notariatskammer.at www.notariatskammer.at/

Steiermark

8010 Graz, Wielandgasse 36
Tel. 0316 82 52 86 Fax 0316 82 52 86-4
E-mail: steiermark@notariatskammer.at

Tirol und Vorarlberg

6020 Innsbruck, Maximilianstraße 3
Tel. 0512 56 41 41 Fax 0512 56 41 41-50
E-mail: notariatskammer.tirol@chello.at
E-mail: notariatskammer.vorarlberg@chello.at

Architekten und Ingenieurkonsulenten

Bundeskammer
1040 Wien, Karlsgasse 9
Tel. 01 505 58 07 Fax 01 505 32 11
E-mail: office@arching.at www.arching.at

Wien, Niederösterreich und Burgenland
1040 Wien, Karlsgasse 9
Tel. 01 505 17 81 Fax 01 505 17 81-70
E-mail: kammer@arching.at www.wien.arching.at

Oberösterreich und Salzburg
4040 Linz, Kaarstraße 2
Tel. 0732 73 83 94 Fax 0732 73 83 94-4
E-mail: office@linz.aikammeros.org www.aikammeros.org

Steiermark und Kärnten
8010 Graz, Schönaugasse 7
Tel. 0316 82 63 44 Fax 0316 82 63 44-25
E-mail office@ztkammer.at www.ztkammer.at

Tirol und Vorarlberg
6020 Innsbruck, Rennweg 1
Tel. 0512 58 83 35 Fax 0512 58 83 35-6
E-mail: arch.ing.office@kammerwest.at www.kammerwest.at

Baugewerbe
Wirtschaftskammer Österreich, Geschäftsstelle Bau
1040 Wien, Schaumburgergasse 20
Tel. 01 718 37 37 0 Fax 01 718 37 37 22
E-Mail: office@bau.or.at bau.or.at (mit weiterführenden Links)

Immobilienmakler und Vermögenstreuhänder
Bundesinnung der Immobilienmakler und Vermögenstreuhänder
1040 Wien, Wiedner Hauptstraße 57
Tel. 01 522 25 92 Fax 01 522 25 93
E-mail: office@wkimmo.at www.wkimmo.at

Burgenland
7001 Eisenstadt, Robert-Graf-Platz 1
Tel. 05 90 907 3710 Fax 05 90 907 3715

Kärnten
9021 Klagenfurt, Europaplatz 1
Tel. 05 90 90 4 - 760 Fax 05 90 90 4 – 794

Niederösterreich
3100 St. Pölten, Landsbergerstraße 1A
Tel. 02742 851 19720 Fax 02742 851 19729

Oberösterreich
4010 Linz, Hessenplatz 3
Tel 05 90909-4711 Fax 05 90909-4709
E-Mail: alle-immobilien@wkooe.at

Salzburg
5027 Salzburg, Julius-Raab-Platz 1
Tel. 0662 88 88-637 Fax 0662 88 88-960669

Steiermark
8021 Graz, Körblergasse 111–113
Tel. 0316 601-511 Fax 0316 601-405
E-mail: immo@wkstmk.at www.immo707.at

Tirol

6021 Innsbruck, Meinhardstraße 14
Tel. 05 90 905 1280 Fax 05 90 905 51280
immobilien-info.at

Vorarlberg

6800 Feldkirch, Wichnergasse 9
Tel. 05522 305 Fax 05522 305

Wien

1014 Wien, Schwarzenbergplatz 14
Tel. 01 514 50 3761 Fax 01 514 50 3765

Sachverständige

Eine Liste aller Gerichtssachverständigen finden Sie auf der Seite des Bundesministeriums für Justiz
www.sdgliste.justiz.gv.at

Hauptverband der allgemein beeideten und gerichtlich zertifizierten Sachverständigen Österreichs
1010 Wien, Doblhoffgasse 3
Tel. 01 405 45 46 Fax 01 406 11 56
E-mail: hauptverband@gerichts-sv.org www.sachverstaendige.at

TÜV Österreich

1015 Wien, Krugerstraße 16
Tel. 01 514 07-0 Fax 01 514 07-6500
E-Mail: office@tuv.at www.tuev.at

Kleingärtner

Zentralverband der Kleingärtner und Siedler Österreichs
1020 Wien, Simon-Wiesenthal-Gasse 2
Tel. 01 587 07 85
E-mail: zvwien@kleingaertner.at www.kleingaertner.at

Kammer für Arbeiter und Angestellte

Bundesarbeitskammer und Kammer für Arbeiter und Angestellte Wien
1040 Wien, Prinz Eugen Straße 20-22
Tel. 01 501 65-0
E-Mail: akmailbox@akwien.at www.arbeiterkammer.at

Burgenland

Kammer für Arbeiter und Angestellte Burgenland
7000 Eisenstadt, Wiener Straße 7
Tel. 02682 740-0
E-Mail: akbgld@akbgld.at www.akbgld.at

Kärnten

Kammer für Arbeiter und Angestellte Kärnten
9021 Klagenfurt, Bahnhofplatz 3
Tel. 050 477 Fax 050 477-2100
E-Mail: arbeiterkammer@akktn.at www.kaernten.arbeiterkammer.at

Niederösterreich

Kammer für Arbeiter und Angestellte Niederösterreich
1060 Wien, Windmühlgasse 28
Tel. 01 588 83-0
E-Mail: mailbox@aknoe.at www.noe.arbeiterkammer.at

Oberösterreich

Kammer für Arbeiter und Angestellte Oberösterreich
4020 Linz, Volksgartenstraße 40
Tel. 050 69 06-0 Fax 050 69 06-2860
E-Mail: info@ak-ooe.at www.arbeiterkammer.com

Salzburg

Kammer für Arbeiter und Angestellte Salzburg
5020 Salzburg, Markus-Sittikus-Straße 10
Tel. 0662 86 87-0 Fax 0662 87 62 58
E-Mail: kontakt@ak-sbg.at www.ak-salzburg.at

Steiermark

Kammer für Arbeiter und Angestellte Steiermark
8020 Graz, Hans-Resel-Gasse 8-14
Tel. 05 77 99-0 Fax 05 77 99-2387
E-Mail: info@akstmk.at www.akstmk.at

Tirol

Kammer für Arbeiter und Angestellte Tirol
6010 Innsbruck, Maximilianstraße 7
Tel. 0800 22 55 22 Fax 0512 53 40-1208
E-Mail: ak@tirol.com www.ak-tirol.com

Vorarlberg

Kammer für Arbeiter und Angestellte Vorarlberg
6800 Feldkirch, Widnau 2-4,
Tel. 050 258-0 Fax 050 258-1001
E-Mail: kontakt@ak-vorarlberg.at www.ak-vorarlberg.at

Verein für Konsumenteninformation

Online-Ausgabe unseres Testmagazins „Konsument"
www.konsument.at

Neuigkeiten aus dem Rechtsbereich für Konsumenten
www.verbraucherrecht.at

Telefonische Beratung auf unserer Hotline 0900 410 015 bei Problemen rund um Bauen/Wohnen/Finanzieren (je nach Tarif max. € 1,36 pro Minute; Mo–Fr 9–15 Uhr).

Für eine persönliche Beratung (Wien oder Innsbruck, Kostenbeitrag € 15,-) vereinbaren Sie bitte einen Termin:

Wien

VKI Beratung, Mariahilfer Straße 81 (Mo–Fr 9–16 Uhr)
Tel. 01 588 770 E-Mail: konsument@vki.at

Tirol

VKI Landesstelle Tirol
Maximillianstraße 9, 6020 Innsbruck
Tel 0512 586 878 E-mail: konsumenteninfo.tirol@vki-tirol.at

A
A-Blatt (Gutsbestandsblatt) 32
Ablöse (Kleingarten) 22
Abschlussvollmacht (Makler) 49
Alleineigentum 10
Alleinvermittlungsauftrag 46
Altlasten 81
Anbot 47, 94, 96
Ankauftest 91
Annahmeerklärung 94, 96
Aufhebung der Miteigentumsgemeinschaft 14
Aufsandungserklärung 111
Aufschließungskosten 81
Aufwandsersatz (Makler) 51
Ausschluss des Wohnungseigentümers 19

B
B-Blatt (Eigentumsblatt) 32
Badehütten 21
Bankdarlehen 69 f
Bauberechtigter 19
Baurecht 19
Baurechtseinlage (Grundbuch) 19
Baurechtsgesetz 20
Baurechtsvertrag 19 f.
Baurechtszins 20
Bauweise, verdichtete 15
Bebauungsbestimmungen 15 f., 82
Bedingung, aufschiebende 35, 48, 59, 94
Beglaubigung 108
Belastungsverbot 33
Benützungsbewilligung 86
Benützungsregelung 12, 33
Benützungsvereinbarung 12, 15, 17
Besichtigungsschein 47
Betriebskosten 18, 29
Bezirksgericht 14
Blitzschutzanlage 89
Bodenbeschaffenheit 81

C
C-Blatt (Lastenblatt) 32 f.

D
Dienstbarkeit 33, 38
Doppelhäuser 15 f., 18
Doppelmakler 51

E
Ediktsdatei 30, 118
Effektivzinssatz 70
Ehegatten 12, 17
Eigentümergemeinschaft 17
Eigentümerpartnerschaft 17
Eigentumserwerb 11
Eigentumsblatt (B-Blatt) 32
Eigentumsverhältnisse 31
Einantwortung 11 f.
Einlagezahl (Grundbuch) 32, 34
Einrichtungsgegenstände 110
Einstimmigkeit 14
Eintragungsgebühr 67
Eintragungsgrundsatz 34
Einzelpachtvertrag 21
Elektroinstallationen 88
Energieausweis 82 f.
Energieeffizienz 83 f.
Erbschaftsverfahren 11, 34
Erdstrahlen 82
Erhaltung 16, 18, 19

F
Fenstertausch (Kosten) 18
Finanzierung 68
Flächenwidmung 32
Förderstelle 35, 38, 72
Fruchtgenussrecht 38

G
Gasleitung 88
Generalpächter 21
Geometer 81
Gewährleistung 119, 126
Gewerbeberechtigung 52
Grundbesitzabgaben 12 f.
Grundbuch 10, 31
Grundbuchsauszug 17, 33
Grunddienstbarkeit 38
Grundeigentümer 19, 21
Grunderwerbsteuer 65
Grundstücksgrenzen 81
Gutsbestandsblatt (A-Blatt) 32

H
Hauptbuch (Grundbuch) 31
Hausbrunnen 88
Haushaltseinkommen 28
Heizung 87
Heizwärmebedarf 84
Himmelsrichtung 27, 82
Honorar (Vertragserrichtung) 64
Hypothek 33, 37

I
Immobilienmakler 46
Infrastruktur 26
Inkassovollmacht (Makler) 49
Inserat 29, 84
Instandhaltung 13
Inventarliste 110

K
Kaufanbot 36, 47, 92, 94, 96, 109
Kaufpreis 62 f
Kaufvertrag 108 f
KFZ Abstellplatz 17
Kindergarten 27
Kleingärten 21
Kleingartengesetz 21
Kleingartenverein 21
Kosten der Erhaltung 16
Kostentragung, Vereinbarung 15
Kostenvoranschlag 92
Krankenhaus 27
Kreditfinanzierung 69 f

L
Lastenblatt (C-Blatt) 32 f.
Lebensgefährten 17
Liegenschaft 10

M
Makler 30, 46
Maklergesetz 54
Mangel 126
Mehrheitsbeschluss 12
Mehrheitsentscheidung 13
Meistbietender 11
Minderheitsrechte des Wohnungseigentümers 18
Miteigentum 11, 16
Miteigentümeranlage 15
Miteigentumsanteil 12, 18
Miteigentumsgemeinschaft 14

Müllgebühr 13

N
Nachbarn 28
Notar 108, 113
Nutzung der gemeinsamen Sache 12
Nutzungsrecht, ausschließliches 16

P
Pachtvertrag 21
Partnerschaft, eingetragene 12
Pauschalhonorar (Vertragserrichtung) 64
Pfandrecht 33, 37, 114
Pönale 111, 115
Prioritätsprinzip 34
Provisionsanspruch 52
Provisionshöhe 56
Punktation 96

R
Rangordnung 32, 112
Rangordnungsbescheid 35, 112
Rechtsanwalt 108, 113
Reihenhäuser 15 f., 18
Renovierungsarbeiten 62
Reparaturen 13
Rücklage 15
Rücktrittsrecht 56 f.

S
Sachverständiger 22, 91
Sanierungsmaßnahmen 73
Schätzgutachten 22, 117
Schätzwert 31
Schuldenübernahme 111
Servitut 38
Sondervereinbarungen (Kosten und Erhaltung) 18 f., 33
Straßenverzeichnis (Grundbuch) 34
Superädifikat 19 f.
Swimmingpool 26

T
Tagebuchzahl (Grundbuch) 32 f.
Technischer Überwachungsverein (TÜV) 91
Teilungsklage 14, 16, 19
Treuhänder 37, 113

U
Überbot 121
Überprüfungsbefunde 89
Umbauten 14
Unbedenklichkeitsbescheinigung 33, 66
Unterpachtvertrag 21
Urkundensammlung (Grundbuch) 31

V
Vadium 120
Veräußerungsverbot 33, 35 f.
Verbücherung des Vertrages 11, 17
Vereinssatzung 22
Vermessungsamt 34
Vermietung 14
Vermittlungsauftrag 46
Verpflichtungen, öffentlich-rechtliche 10
Versicherungskosten 12
Versteigerungsverfahren 14, 16, 31, 117
Vertragserrichter 93, 108
Vertragsstrafe 54
Verwalterbestellung 17
Verwaltung 13, 17
Vorbehalt 48, 59
Vorkaufsrecht 23, 36
Vorschlagsrecht des Kleingärtners 22
Vorvertrag 97, 109
Vorzugspfandrecht 17

W
Wassergebühren 12
Wasserleitung 88
Wegerecht 81
Wohnbauförderung 15 f, 35, 38, 71, 74
Wohnrecht 38
Wohnungseigentum 14, 16, 32
Wohnungseigentumsanlage 18
Wohnungseigentumsbewerber 17
Wohnungseigentumsgesetz 17
Wohnungseigentumsvertrag 16, 19
Wünschelrutengänger 82

Z
Zahlungsverzug 15
Zeitwert 22
Zinsen 114
Ziviltechniker 90
Zivilteilung 14
Zuschlag im Versteigerungsverfahren 11, 34, 121
Zwangsversteigerung 11, 37, 62